성공하는 작가의 사고방식

성공하는 작가의 사고방식

작가의 길에서 살아 남기 위한 핸드북

조안나 펜 지음
김윤정 옮김

도서출판 월인

옮긴이의 글

컴퓨터 앞에 앉아서 컴퓨터의 커서가 깜박깜박거릴 때 많은 생각이 든다. 나는 이 분량을 다 채울 수 있을까? 나는 내 생각을 제대로 표현할 수 있을까? 내 글은 사람들에게 인정받을 만한 글인가? 등등. 그 막막함과 두려움 때문에 우리는 글을 쓰기보다는 책상 정리를 한다든가 새로 나온 노트북을 산다든가 하면서 자꾸만 시작을 미루게 된다. 이 책은 이러한 생각들에 대한 한 작가의 경험을 담고 있다.

먼저 이 책의 1부는 예상할 수 있는 다양한 두려움들과 그 해결책들을 다루고 있다. 우리가 글을 쓸 때 느끼는 수많은 두려움들. 스스로에 대한 의심과 실패할 것에 대한 두려움, 사람들에게 거절당하고 비판받을 것에 대한 두려움. 그런데 이 책은 이러한 생각들이 내가 글을 쓰기 위해서 컴퓨터 앞에 앉을 때 당연히 따라오는 것들이며, 그러한 두려움들을 나만 느끼는 것이 아니라는 것을 말해주기에 큰 위안이 된다. 또한 이 책은 우리가 글을 쓸 때 느끼는 수많은 두려움들뿐만 아니라 그런 두려움을 해결하는 방법까지 같이 제시하고 있기 때문에 실질적인 도움이 된다. 문제점을 직시하고 해결책을 찾을 때 항상 해답이 보이지 않는가. 따라서 이 책은 작가의 길에 들어선 사람뿐만 아니라 모든 종류의 글쓰기를 하는 사람들에게 도움이 된다.

이 책의 2부와 3부는 독립 작가로서 어떻게 살아야 하는지를 말해준다. 이 책의 저자 조안나 펜은 10여 년 동안 직장인으로 일했다. 그러다가 글을 쓰고 싶어하는 내면의 욕구를 인정하고 글을 쓰기 시작했다. 그리고 독립 작가로서 계속해서 글을 쓰고 있고 스스로 출판도 하고 있다. 독립 작가가 되면서 스스로 원하는 일을 하게 된 것이다. 좋아하는 일을 하고 살 것인가, 아니면 잘 하는 일을 하고 살 것인가. 인생에서 늘 부딪치는 문제이다. 물론 내가 좋아하는 일을 잘 하기까지 한다면 가장 바람직하지만, 그렇지 않을 때가 많다. 그리고 좋아하는 일을 하고 산다면 정말 행복하겠지만, 삶은 그렇게 녹록치 않다. 그러나 조안나 펜은 좋아하는 일을 하면서 살기로 결정했다. 그리고 앞서간 선배로서 독자들에게 독립 작가로 살아남는 길을 가르쳐 주고 있다.

이 책의 출간을 위해서 애쓴 사람들이 많다. 남편이 번역을 많이 도와주지 않았다면 이 책은 결코 세상에 나오지 못했을 것이다. 마음 속 깊은 곳의 고마움을 전한다. 그리고 책을 예쁘게 만들어주신 월인의 박성복 사장님과 한병순 이사님께 깊은 감사를 표한다. 요즘 같은 시대에 인문학 서적을 낸다는 것이 얼마나 큰 모험인가. 그러나 '스토리텔링'에 대한 책이 수없이 나오는 상황에서, 사명감을 가지고 이 책의 출판에 힘을 써주신 것에 대해서는 찬사를 금하지 않을 수 없다.

이야기란 멋진 것이다. 누군가의 상상력을 엿본다는 건 얼마나 즐거운 일인가. 물론 장르에 따라서 글쓰기 방식이 달라지고, 그 글쓰기 방식은 배워야만 한다. 그러나 장르와 상관없이, 상상력이 담겨 있는, 그리고 작가의 인생관과 세계관이 담겨 있는 새로운 이야기는 항상 멋지고 흥미롭다. 그러나 그러한 이야기를 쓰면서 우리는 수많은 두려움을 느낄 수밖에 없다. 그럼에도 글을 쓰고자 용기를 낸 모든 사람들에게 이 책이 그러한 두려움들을 이기는 데 큰 도움이 되기를 기대한다.

2019년 1월

김 윤 정

차 례

3장 작가의 길에서 성공하기 위한 조언

키우시는 동안 변함없이 나를 긍정적으로 바라봐 주신
어머니 자크 펜(Jacqui Penn)에게 이 책을 바친다.
할 수 있다는 태도와 적극적인 사고방식은 나에 대한 어머니의 믿음과
내가 걷는 길에 대한 어머니의 지지에서 나왔다.

어머니 사랑합니다.

여러분의 마음을 바꿀 수 있다면

여러분의 삶도 바꿀 수 있다.

– 윌리엄 제임스

왜 이 책인가?

문장을 생각해내고 그것을 종이 위에 쓰는 행동은 원래 고독한 일이다. 맞다. 온라인이나 현실 세계에 작가 모임이나 단체가 있지만, 실제로 글을 쓸 때는 여러분은 자신의 정신과 홀로 작업하게 되는데 이 일은 가장 어려운 일일 수 있다.

비록 여러분을 드러내놓고 비난하는 사람이 없더라도, 여러분의 글이 얼마나 형편없는지, 여러분이 무언가를 결코 만들어낼 수 없다든지, 무언가를 창조하려는 여러분의 노력이 얼마나 불쌍한지 말하는 목소리가 여전히 여러분 안에 있다. 여러분은 이런 부정적인 생각과, 때로는 사라져버리는 쓰고자 하는 동기와 싸우고 있다.

정말 여러분 혼자인 것처럼 느껴진다.

그러나 사실 글을 쓰는 우리 모두는 창조의 바다에서 이런 문제들을 겪으며 방황하고 있다. 나도 여러분이 느끼는 것처럼 느끼고 있다. 글 쓰는 일에 대한 내 생각과 감정을 말하려고 했을 때, 다른 사람들도 같은 일을 겪고 있고, 심지어 40년 이상 글을 써 왔던 경험 많은 작가들도 그렇다는 것을 알게 되었다. 나는 이것이 나 혼자만의 문제가 아님을 발견하였다

그래서 이 책은 지난 9년간 내 자신이 겪어왔고 그래서 여러분이 작가의 길을 간다면 아마 언젠가는 경험하게 될, 마음의 문제들을 모아봤다. 이 글들은 여러분이 겪는 일들이 이상하지 않으며, 무언가를 창조하는 과정에서 당연히 만나야 하는 것들이라는 사실을 이해할 수 있도록 돕고자 한다.

각각의 장들은 예상되는 문제를 하나씩 제시하고 여러분이 그 문제에 빠지더라도 시간이 지나면 다시 빠져나올 수 있도록 해결책을 제시하였다. 이 책은 글 쓰는 기술에 대한 책이 아니며 출판이나 마케팅 또는 작가로서 돈을 버는 것에 대한 것도 아니다. 나는 그런 주제들에 대해서는 다른 책에서 다루었다. 이 책은 순전히 작가가 된다는 벅찬 감정에 대해서, 그리고 그 과정에서 생기는 문제들을 어떻게 해결해야 하는지에 대해서 쓴 책이다. 비록 이 책의 모든 부분이 여러분에게 적용되지는 않겠지만, 이 책에서 다루는 문제들이 글을 쓰는 과정에서 얼마나 보편적인지를 여러분이 알 수 있도록, 내가 쓴 글과 또 잘 알려진 작가들의 글을 인용했다.

이 책은 아래와 같이 구성되었다.

1장에서는 글 쓰는 과정에서 만날지도 모르는 문제들을 다루었다.

2장에서는 책을 출판하고 나서 작가로서 다른 책들을 쓰고자 할 때 일어날 수 있는 일들을 다루었다.

3장에서는 오랫동안 작가의 길을 가기 위해서 여러분의 사고방식을 성공적으로 관리하기 위한 조언들을 담았다.

글쓰기에 대한 내 생각을 그대로 드러내야 하기 때문에 이 책을 쓰기가 쉽지 않았지만, 여러분이 혼자가 아니라는 사실을 이해하는 데 이 책이 도움이 되길 바란다.

1장

창의성의 사고 방식과 글쓰기

1.1. 자기 의심과 사기꾼 증후군

"나쁜 작가는 자신을 과신하는 경향이 있는 반면에
좋은 작가는 자신을 의심하는 경향이 있다."
–찰스 부코스키(Charles Bukowski)

몇 년 전에 나는 유명 작가들의 연설을 듣기 위하여 뉴욕에서 열리는 스릴러페스트(ThrillerFest)에 갔다. 그 중 한 토론장에는 4억 권 이상 책이 팔린 알 엘 스타인(R. L. Stine), 잭 리처(Jack Reacher)라는 주인공으로 유명한 리 차일드(Lee Child), 람보(Rambo)라는 인물을 창작한 데이비드 모렐(David Morrell)이 있었다. 또 내가 본받고 싶어하는 작가 클라이브 커슬러(Clive Cussler)가, 뉴욕타임즈 베스트셀러 명단에 36권 이상의 책을 올린 로맨틱 서스펜스 작가 산드라 브라운(Sandra Brown) 옆에 앉아 있었다. 이들 작가가 판매한 책의 수량은 6억 권이 넘으며 35개 언어로 번역되었다. 그들은 작가로서 최정상에 있었고, 그들의 말을 듣는 것은 한편으로 위축이 되면서도 다른 한편으로 영감을 주었다.

여러 일화들로 가득찬 토론이 끝난 후, 청중 속의 한 여성이 손을 들어 질문했다.

"저는 신참내기 작가입니다. 지금 한 작품을 반 정도 완성했는데 제대로 된 작품 같지 않다는 생각이 듭니다. 이야기도 공감되지 않고 진도도 잘 나가지 않습니다. 너무 형편없어서 전부 다 휴지통에 버려야 한다고 생각하고 있습니다."

어마어마하게 성공한 그 작가들은 고개를 끄덕이며 이해한다는 표정을 지었고, 그녀에게 미소를 지었다. 그리고 한 사람 한 사람씩 자신들이 가졌던 의심들을 털어놓았다.

"그렇게 많은 베스트셀러 책을 쓴 다음에도 나는 내가 사기꾼이고 이번에는 사람들이 그 사실을 알아챌 거라고 느낄 때가 있습니다." 산드라 브라운이 말했다.

데이비드 모렐은 어제 자신이 쓴 글을 읽은 일에 대해 이야기했는데, 어제는 놀랍다고 생각한 그 글이 오늘은 너무 수준이 떨어진다고 여겨지는 경우가 대부분이라고 했다.

비슷한 이야기들이 이어졌고, 그 저자들 중 몇 명은 40년 이상 글을 써 온 사람들인데, 모두가 자신을 의심하는 일로 힘들다고 말했다.

이것이 나를 위로해 주었는데, 왜냐하면 그곳에 있던 다른 사람들과 마찬가지로 나도 정기적으로 자기 의심의 파도에 휩싸

이기 때문이다. 이런 일은 내가 첫 원고를 다시 검토할 때, 또는 초고가 완성되기 전에, 내 안에 있는 편집자가 일을 시작할 때 생긴다. 내가 소설을 출판하려고 하거나 내 소설에 대해 소개나 회견을 요청 받을 때는 더욱 심해진다. 특히 작가 모임에서 다른 저자들과 나를 비교할 때는 아주 심하다(비교론자에 대해서는 나중에 더 이야기할 예정이다).

2011년 2월에 내 첫 번째 소설을 출판한 일에 대해 내가 쓴 글에서 뽑은 내용이다.

> 나는 출판을 축하하는 음료 파티를 열고 싶었지만 취소했다. 나는 울고 싶었다. 피곤했고 실망감이 밀려왔으며 내가 도대체 시간을 들여 무슨 일을 하고 있는지 이해가 되지 않았다. 완전히 자신감을 잃었고 내 글들은 나와 따로 있는 듯했다. 지금 이 순간을 회피하지 말고 책을 완성한 것에 대해 기뻐하고 축하해야 한다는 사실은 알고 있지만, 사람들이 내 생각과 내 책의 아마존 판매 순위를 알게 될 일이 걱정이 되었다. 사람들이 나를 부족한 작가라고 판단할 것 같다는 생각이 든다.

내 글은 이런 내용으로 꽉 차 있었다. 나는 이런 두려움이나 불안감을 사적인 곳에만 기록하기 때문에 내 글이나 팟캐스트를 듣는 사람들은 이것을 깨닫지 못할 수 있다. 그러나 이제 우리 모든 작가는 같다는 사실을 알았기 때문에 나는 이런 일들을 말하고 있다.

조금 더 나아가 보면 사기꾼 증후군도 자기 의심의 확장이라고 할 수 있다. 이것은 자신이 아무리 많은 책을 쓰고 놀라운 업적을 이루었더라도 자신을 작가인 체하는 사기꾼이라고 생각하는 것이다. 놀랍게도 이 증후군은 가장 성공한 작가들 사이에 더 많이 퍼져 있는 것 같다. 사기꾼 증후군은 작가 세계에 만연하며 단지 '표정 관리'라는 가면으로 감춰져 있을 뿐이다.

그래서 만약 여러분이 사람들에게 거리를 두거나 우호적이지 않은 작가를 만난다면, 그는 자신이 특별한 재능은 없고 단지 혼란스러운 경험만을 가진 사람이라는 사실을 사람들이 발견할 것이라고 생각하고 있을 가능성이 높다. 그는 자신의 정체가 탄로나고 다시 이름 없는 작가로 전락할 것을 기다리고 있다.

우리가 작가의 길을 걷게 되면 언제나 자기 의심이 따라오게 되어 있는 것 같다.

해독제:

자기 의심을 창작 과정의 일부분으로 받아들여라. 여러분의 우상인 작가를 포함하여 다른 모든 작가들이 책을 쓸 때마다 이것으로 고민한다는 사실을 위안으로 삼아라. 사실 이런 의심을 느끼지 않는다면 무언가 잘못된 것이다! 만약 사기꾼 증후군까지 있다면 아마 여러분은 작가로서 아주 잘 하고 있을 가능성이 있다.

자신을 의심하는 마음이 슬금슬금 들 때 그것을 인정하라. 너의 느낌을 적어 두고, 쓰고 있던 글을 계속하라.

만약 이것 때문에 힘들다면 어떤 수단을 쓰더라도 여러분이 어떻게 느끼는지에 대해 같이 글 쓰는 사람들에게 이야기하라. 그러나 나는 작가로서 이런 고백을 할 때는 비밀 — 자신에게만 보관하는 곳 — 도 있어야 한다고 생각한다. 가끔 여러분이 이런 이야기를 나누면 다른 작가나 독자들도 이해하지만, 자신을 의심하는 이야기를 계속 한다면 시간이 흐르면서 결국 독자들의 신뢰를 잃게 될 수도 있다. 그러니 심호흡을 하고 다시 글을 쓰도록 하라.

"여러분 스스로 자신이 '작가'라고 믿기 전에 누군가가 먼저 여러분에게 '작가'라는 표시를 만들어 주는 게 필요합니까?"

– 스티븐 킹(Stephen King), 『글쓰기에 대해서(On Writing)』

1.2. 확증 욕구

"세상에서 정당하다고 인정받고 다른 사람들이
존경해 주었으면 하는 깊은 갈망이 있다."
-셰릴 스트레이드(Cheryl strayed)

나는 내 글이 사람들에게 감동을 주기를 바란다. 나는 사람들이 내 이야기를 들어주고 또 다른 사람들에게 전달하기를 바란다. 나는 내 책이 놀랍다는 말을 듣고 싶고 또한 내가 훌륭한 작가라는 말을 듣고 싶다. 그래서 작가들 사이에 있을 때도 자신 있게 설 수 있기를 원한다. 나는 이 글을 쓰기 위해 수고한 내 노력에 대한 사람들의 인정과 타당하다는 확인을 원한다.

누군가가 내가 그만한 가치가 있는 사람이라는 말을 해주었으면 한다.

여러분도 이런 생각에 동조하는가?

이것이 내가 글을 쓰는 가장 중요한 이유이다. 아마 이 말은 "나를 알아봐 줘. 나를 사랑해 줘."로 귀착될 수 있다. 이렇게 바쁜 세상에서 누군가 나를 지켜보고 있다거나 내 이야기를 듣고 있다는 사실을 알기 어렵겠지만, 글쓰기는 이 우주에 작은 자국이라도 남기려는 노력이다. 우리가 쓴 글이 우리를 떠나면 누군가는 그것을 받아주기를 우리는 원한다. 이것이 대부분의 작가들이 돈이나 명성 때문에 글을 쓰지 않는 이유이며, 그들은 자신의 마음을 나누고 싶은 갈망으로 글을 쓴다.

글을 쓴 다음에 출판을 할지 결정할 때 확증 욕구가 끼어든다.

내가 출판할 만큼 잘 썼나?

내가 독자들이 읽고 사랑할 만큼 잘 했나?

내가 상을 받고 비평가들의 찬사를 받을 만큼 잘 했나?

내가 수백만 권이 팔리고 칭찬으로 노배된 독자 후기를 받고 작가로서 살아갈 만큼 잘 썼나?

결국 이 확증 욕구는 작가들에게 출판 에이전트와 출판 계약을 필사적으로 찾게 하고, 계약이 되면 그들이 재능이 있고 원고가 매우 뛰어났음에도 불구하고 그들을 지나치게 감사하게 만든다.

이 욕구가 수많은 책 중 눈에 띌 수 있도록 독립 작가들에게 최신 마케팅 유행을 쫓아가게 만든다. 이것 때문에 작가들은 자신을 우쭐하게 만들기도 하고 낙담하게 만들기도 하는 자신의 책에 대한 독자 후기만을 찾아 읽게 되는데, 사실 그것들은 단지 다른 사람들의 의견일 뿐이다.

해독제:

사람들이 들어주고 인정해주며 사랑해주기를 바라는 이 욕구는 결코 사라지지 않는다. 이것은 우리가 글을 쓰고 출판하는 동기 중 일부이다. 이 욕구가 우리를 망치지 않고 우리를 지탱하는 힘이 되도록 만드는 방법을 배워야 한다. 또한 스스로 확신하는 방법을 배워야 하고, 사람들의 반응이나 확실하지 않은 보상보다 글 쓰는 과정 자체가 핵심임을 이해해야 한다. 창작하는 행동으로 스스로의 필요를 채우며, 스스로가 쓴 글이 세상에 나가 일으키는 결과에 상관없이 그 자체로 충분히 훌륭하고 가치가 있다는 사실을 경험을 통해 배워야 한다.

이런 확증 욕구가 있다는 사실을 스스로 깨우치게 되면, 그것은 장기적으로 우리에게 해가 될 의사 결정을 하지 않도록 막아준다. 예를 들면 자신의 책에 대한 출판 선수금으로 매건 1만 달러를 받는 대신, 저작권이 유효한 기간 동안 자신의 지적 재산권을 포기하는 작가가 있을 수 있다. 이유는 단지 자신이 좋은 작가라는 말을 에이전트에게서 듣고 싶고 출판을 통해 자신을 입증하고 싶어하는 욕구 때문일 수 있다.

독립 작가에게 확증은 책 판매량과 늘어나는 독자층으로부터 오는 독자 후기이다. 확증 욕구가 있으면 최근에 올린 독자 후기를 찾아 검색하게 되고, 별 하나의 독자 후기 때문에 하루를 망치면서 좋게 평가하는 다른 독자 후기는 없는지 열심히 찾게 된다.

이 모든 것에 대한 해독제는 계속 글을 써 가는 것이다.

"네 성공이나 실패가 아니라 네 길에 헌신하는 정도로
너의 가치를 평가하라."
–엘리자베스 길버트(Elizabeth Gibert), 『거대한 마술(Big Magic)』

1.3. 실패의 두려움

“나는 글을 쓸 때마다 실패할까 봐 두렵다
—생각이 전개되지 않거나 끝마치지 못할까 하는 두려움.”
-스티븐 킹

글 쓰는 데 실패한다는 것은 사람마다 다르고 작가로서 경력이 쌓여감에 따라 그 정의도 변한다. 스티븐 킹조차 여전히 실패할까 봐 두려워한다면, 이 두려움은 결코 없어지지 않을 것이며, 우리 모두는 다 한 배를 타고 있는 셈이다!

일반적으로 두려움의 대상은 여러분 자신이거나 아니면 다른 사람들이 여러분의 작품을 어떻게 받아들일까 하는 것이다. 두려움의 대상과 실패와 관련해 연상되는 몇 가지 생각들을 나열해 보았다.

- 나는 이 책을 마치지 못할 거야. 시작도 하기 전에 나는 실패자야.
- 책을 다 썼지만 내가 바랐던 만큼은 하지 못했어.
- 에이전트나 출판사를 찾는 데 실패했어.
- 아무도 내 책을 사지 않으면 어떻게 하지?
- 독자평이 아주 나쁘면?

- 내 친구나 가족이 이 책을 좋아하지 않거나 마음에 상처를 입거나 화를 내면?
- 책을 출판했는데 돈이 안 되면 나는 의미도 없는 일에 시간과 에너지를 낭비한 꼴이 되지 않을까?

여러분이 실패를 어떻게 정의하는가는 여러분의 목표가 무엇인가에 따라 달라진다. 여러분의 경력이 발전함에 따라 이해관계도 커지지만, 실패에 대한 예민함도 그만큼 심해진다. 나는 수십만 달러의 출판 계약을 체결하고 나서, 실제로 그 계약금을 정당화 할 정도로 책이 잘 팔리지 않았을 때 실패감을 느낀 작가들을 알고 있다. 또 어떤 작가들은 영화 판권 계약을 했지만 영화가 만들어지지 않았거나 흥행이 되지 않았을 때 실패감을 느낀다. 처음으로 책을 출판한 신참 작가는 계약금을 받거나 영화 판권 옵션만 있어도 매우 기뻐하는데, 우리가 성공의 정의를 어떻게 내리는가는 시간이 흐름에 따라 변하고, 실패 또한 마찬가지이다.

그러면 이 두려움은 어떻게 느껴질까?

우리가 맹수에 쫓기며 동굴에서 살 때부터 두려움이 주는 육체적 반응은 변하지 않았다. 물론 우리가 작가로서 '실패' 한다 하더라도 아무도 죽지는 않지만, 두려움이나 걱정이 육체에 나타내는 반응은 옛날과 똑같다.

여기 대중 연설에서 있었던 내 경험을 예로 들어 보려고 하는데, 작가들은 어느 정도 성공하면 대중 연설을 자주 하게 되기에 실패할까 봐 대부분 두려워한다. 말을 잘 하지 못하거나 실수를 해서 사람들이 여러분을 어리석은 사람으로 여기거나 사람들이 웃는 상황이('여러분과 '함께'가 아니고 '여러분을 향해서') 생겼을 때 여러분은 실패했다고 생각할 수 있다.

> 낯선 곳에서 300명 이상의 사람들에게 말을 시작하려고 했는데 그 중에는 내가 좋은 인상을 주고 싶은 사람도 있었다. 나는 시작하기 10분 전에 배가 울렁거려 화장실에 세 번째로 갔다. 머리가 더 아파지는 걸 막기 위해 진통제를 먹었다. 땀이 많이 났기 때문에 사람들이 생각하는 숙녀의 이미지에 맞추기 위해 탈취제를 더 뿌렸다. 목이 말랐기 때문에 계속 물을 마셨고, 그래서 더 화장실에 가고 싶어졌다. 화장을 다시 할 때 내 심장은 가슴 속에서 쿵쾅거렸다. 나는 심호흡을 하고 내 자신에게 힘을 주기 위해 마음 속으로 노래를 부르며 회의실 뒤편으로 걸어갔다. 나는 미소를 지으며 무대 위로 올라갔다.

나는 요즈음에는 논픽션 작가로서 연설에 자신감이 있지만, 여전히 내가 쓴 소설의 일부분을 읽어달라는 요청을 받으면 힘이 빠진다. 두려움이 크기 때문에 아직도 거절하는 편이지만, 내 경력이 쌓여감에 따라 이것은 해결해야 할 문제이다.

두려움이나 주기적으로 생기는 걱정의 육체적 증상으로는 이런 것들이 있다.

- 복통, 구역질, 설사와 잦은 소변
- 심한 땀 흘림
- 심장과 맥박이 빨라짐, 시야가 좁아짐
- 두통, 어지러움, 호흡이 가빠짐
- 수면 문제, 반복되는 부정적인 생각들

이 모두는 유쾌하지 않다!

만약 여러분에게 항상 이런 증상들이 있다면 꼭 전문가의 진단을 받아라. 그러나 여러분이 작가로서 일하는 동안 여러분이 두려워하는 상황에 부딪쳐 이런 증세가 나타났다면, 나는 아주 정상이라고 말하고 싶다. 어떤 걱정은 삶의 일부분으로 존재하며, 여러분은 그것을 처리할 방법을 찾아야 한다.

해독제:

두려움의 경험은 종종 실제 사건보다 더 좋지 않으며, 만약 여러분이 작가로서 두려움을 느낀 적이 없다면 여러분은 결코 도전적인 일을 하지 않았을 것이다. 신랄한 비평을 받았다거나, 책을 읽은 사람이 여러분의 어머니뿐이거나, 발표했는데 사람들이 다 나갔다고 해서 여러분이 죽지는 않는다.

대신 여러분이 느끼는 두려움이 어떤 것이든 그것을 이겨냈을 때 일어날 수 있는 최고를 생각해 보라.

두려움 너머에 있는 보상에 대해 생각해 보라.

사람들이 여러분의 책을 좋아할 수 있다. 여러분이 새로운 독자를 만들 수 있다. 여러분의 창의성에 보상을 받을 수 있다. 놀랍지 않은가!

두려움에 대한 생각을 다시 정립하는 것도 좋은 생각이다. 왜냐하면 실제로 아무도 여러분이 얼마나 능력이 있는지에 대해 관심이 없기 때문이다. 사람들은 각자 자기 세계에 빠져 있으며, 어떤 일이든 소문은 며칠 동안만 사람들의 관심을 끌 뿐이다.

여러분은 작가의 길이 항상 위로만 향해 있다고 기대해서는 안 된다. 삶이 그러하듯이 좋을 때가 있고 나쁠 때가 있고, 성공이 있고 실패가 있다. 두려움을 무시하고 다시 글을 쓰도록 하라.

"여러분이 글쓰기를 멈출 때 여러분은 실패한다."

－레이 브래드버리(Ray Bradbury)

1.4. 거절과 비판에 대한 두려움

"비평을 피하는 것은 아무 말도 안 하고 아무 일도 안 하고
아무것도 아닌 사람이 되는 것이다."
– 아리스토텔레스(Aristotle)

이 글은 내가 첫 소설을 출판하기 직전인 2011년 1월에 쓴 글에서 일부 인용한 것이다.

> 나는 비평이 두렵다. 나는 칭찬을 원한다. 나는 모든 사람이 나와 내 책을 좋아하길 바란다. 이것이 내가 나쁜 평가와 신랄한 댓글을 두려워하는 이유이다. 나는 내가 그런 것들을 받아들일 수 있다고 생각하지 않는다. 다른 사람이 한 말 때문에 내가 다시 글을 쓰지 못하게 되면 어떻게 될까? 내 소설이 실제로 형편없다면? 그 비평이 사실이었다면? 때때로 나를 공격할 일이 생기지 않도록 아예 다른 사람들이 내 책을 읽지 않으면 좋겠다고 생각한다.

그 당시 내 가족으로부터 많은 지지를 받았지만, 그 중에는 내 마음을 상하게 하는 말들도 있었다.

"유명한 작가처럼 쓸 수 없나요?"

"친구들에게 말할 수 있을 정도로 무언가 멋진 이야기는 왜 없나요?"

분명히 나는 내 일을 계속했고 출판을 했지만, 여전히 그 두려움은 존재한다.

우리가 작가로서 만나게 될 비난이나 거절에는 여러 수준이 있다. 이것들의 원천은 아래와 같다.

- 작가 그룹과 다른 저자들
- 편집자, 에이전트와 교정자
- 가족, 친구와 우리가 사랑하는 사람들
- 비평가, 평론가, 블로거와 소셜 미디어에서 활동하는 사람들
- 혹평하는 독자 또는 그 자체로서 거부의 의미가 있는 책의 판매 부진

우리는 자기 자신의 작품과 스스로를 동일시한다. 그래서 우리가 쓴 책이 외면 받으면 사람들이 우리를 거부했다고 여긴다. 구스타브 플로베르(Gustav Flaubert)가 말했듯이, "우리는 우리 내장의 일부를 내놓고 비평가들은 그들의 칼을 꺼낸다." 여러분은 책에 여러분의 영혼을 드러냈고, 그것은 여러분에 대한 무언가를 나타내고 있다. 여러분이 자신의 작품에 마음을 담았기에 비평은 항상 우리의 마음을 상하게 한다.

물론 거부나 비평이 유익할 때도 있다.

- **여러분의 책과 잘 맞지 않는 에이전트나 출판사로부터의 거부**는 가면을 쓴 축복인데, 왜냐하면 여러분은 다른 데서 더 잘 맞는 곳을 찾거나 나중에 신나게 직접 출판할 수 있기 때문이다.
- **편집자로부터의 건설적인 비평**은 여러분의 책을 더 좋게 만든다. 출판사를 어떤 방식으로 선택하든지 나는 모든 경우에 여러분이 전문 편집자와 교정자를 찾기를 추천한다. 이것이 여러분의 책을 가장 최선의 것으로 만들 수 있는 최선의 방법이다. 여러분은 편집자가 여러분의 글을 칭찬하도록 돈을 지불하는 것이 아니다. 그러니 여러분의 책을 개선시켜 줄 건설적인 비평을 기대하라.
- **별 한 개나 두 개의 독자 후기**는 기분을 상하게 하지만(그래서 나는 보통 그런 후기는 읽지 않는다!), 만약 별 네 개나 다섯 개의 독자 후기가 많다면 별 한 개의 후기는 여러분의 책 판매가 좀 더 신빙성 있음을 증명해줄 것이다. 권위 있는 상을 받거나 베스트셀러 명단에 오르는 책들은 항상 좋은 평가도 있지만 그만큼 나쁜 평가도 있다. 그러니 여러분의 책이 많은 사람들에게 읽혔다면 다양한 독자 후기를 예상해야 한다. 물론 여러분의 책이 별 한 개나 두 개의 평가만 받았다면 그들의 평가를 고려해 보아야 한다. 여러분이 책의 범주를 잘못 선정해서 독자들의 기대에 부응하지 못했거

나 아니면 정말 책이 좋지 않을 수 있다. 그러면 책을 내리고 다시 출판하기 전에 수정하는 일이 필요하다. 그러나 사람들이 여러분의 책을 비평한다는 말은 최소한 사람들의 이목을 끌었다는 의미이다. 무반응은 훨씬 더 나쁜 것이다.

그러면 비평이 타당한지 아닌지를 어떻게 알 수 있나? 여러분이 비평을 주의해 볼 때와 무시해도 될 때가 있다.

좋은 비평가는 자신이 무엇을 말하고 있는지 알고 있으며 또 자신의 한계도 알고 있다. 그들은 상대방을 존중하고 예를 들어서 설명하며 올바른 기준을 갖고 여러분의 글을 판단한다. 예를 들어 내가 쓴 스릴러 책에 대한 아동용 책 전문가의 비평을 나는 결코 받아들이지 않을 것이다.

나쁜 비평가는 예도 들지 않고 잘못된 기준을 갖고 여러분의 책을 비평한다. 예를 들어 그레이의 〈50가지 그림자(50 Shades of Grey)〉를 평가하는 문학 비평가는 그 책이 목표로 하는 독자층이 아니며, 에로틱 로망스 소설을 좋아하는 사람들이 일반적으로 그 책을 좋아한다.

"비평을 듣고 여러분 안에 있는 진실과 비교하라."

–줄리아 카메론(Julia Cameron)

해독제:

시간을 들여 비평에 견딜 수 있는 힘과 방어벽을 키워라. 왜냐하면 창조하는 사람으로서 여러분은 계속해서 비난과 거부를 경험하게 될 것이다. 모든 사람을 만족시킬 수 없으므로 작품을 세상에 내놓을 때 여러분이 싫어하는 평가는 있을 수밖에 없다는 사실을 인지하라.

이런 일이 생기면 머릿속에서 그 비난을 계속 생각하지 마라. 부정적인 일에 생각을 집중하거나 힘을 쓰지 마라. 피하는 방법으로 명상을 해보라. 여러분의 감정이 어떤지를 느끼고 생각을 지켜보면서 여러분의 마음의 움직임을 살펴라. 지금 이 순간에 집중해라. 그리고 여러분 머리에서 점점 떠오르는 생각이나 감정은 무시해라. 꼬리를 물고 떠오르는 생각을 멈추라. 절망의 나락으로 떨어지기 전에 여러분을 잡아라.

여러분의 작품을 개선시켜 줄 편집자와 출판 전 테스트 독자들(beta-readers)의 비평의 중요성을 이해하라. 편집자의 피드백을 받는 일이 기분을 상하게 하는 것은 맞지만, 여러분이 나아지고 있기 때문에 책이 나올 때마다 그 일은 더 쉬워진다. 교정본을 받아 그 문서를 열어 보기 전에 나는 여전히 심호흡을 하며 내가 준비가 되어 있을 때 읽어 본다.

피곤할 때는 교정본 작업을 하지 마라!

여러분의 작품에 대한 유용한 비평을 초기에 받았다면, 나중에 거절당할 가능성은 줄어들게 된다. 그 비평은 수준이 높아야 하고 타당한 사람으로부터 와야 한다. 나는 개인적으로 작가 그룹을 꺼리며 어디에도 소속되어 있지 않다. 내가 주로 쓰는 장르에 대해 지식이 없을 수도 있는, 아직 출판 경험이 없는 작가로부터 평가를 듣기보다는 전문가의 피드백에 더 관심을 두는 편이다. 많은 작가 그룹이 문학적인 글쓰기에 경도되어 있으며 특정 장르 작가를 조금 낮게 평가할 수 있으므로, 가능한 여러분이 쓰고자 하는 장르의 작가를 찾도록 하라. 여러분이 누구의 의견에 귀를 기울일지 유의하라.

비평과 거부에 대한 두려움은 종종 실제 상황보다 더 크다. 여러분의 작품이나 여러분 자신에 대해 사람들이 그들의 의견을 갖는 것을 막을 수 없다. 여러분은 그런 상황에 대한 반응과 대응책만을 결정할 수 있다. 예를 들어 어떤 작가는 평론을 읽지 않는다. 다른 작가는 읽더라도 무시한다. 읽은 작가들은 마음이 상했을 거라고 생각한다. 나는 그런 비평들이 잠시 동안만 내 생각에 머물게 하고 바로 흘려 버린다. 나는 피드백을 받아들여 생각하고 따져 본 후에는 어찌되었든 바로 내가 좋아하는 글쓰는 작업으로 돌아간다.

비평과 거부의 폭풍을 헤쳐 나가기 위해서는 지지하는 사람들이 중요하다. 같은 문제를 겪고 있는 사람들과 만나라. 나는 내가 운영하는 블로그와 팟캐스트 회원들의 격려가 없었다면 한 권의 소설조차 쓰지 못했을 것이라고 생각한다.(여러분 모두에게 감사!) '독립 작가들의 연합'이라는 사이트를 추천하고 싶은데, 그 곳에는 우리가 겪고 있는 문제와 우리가 배운 것들을 나눌 수 있는 놀라운 페이스북 그룹이 있다.

이 주제에 대해 더 많은 이야기를 찾는다면 마크 맥기니스(Mark McGuinness)가 쓴 『인내력: 성공을 향한 길에서 거부와 비난 이겨내기(Resilience: Facing down Rejection and Criticism on the Road to Success)』를 읽어보거나 이 주제와 관련된 대담기사를 찾아보라.

> "여러분이 주목을 받으면 누군가는 여러분을 좋아하지 않을 것이다. 비난은 드러나는 사람에게 온다."
>
> –세스 고딘(Seth Godin)

1.5. 내부 비판자

“나와 내가 아는 작가들에게 글쓰기는 신나고 즐거운 일은 아니다. 사실 무언가 글이란 걸 쓰는 유일한 방법은, 정말로 지겨운 그 초고를 완성하는 것이다. 초고는, 아무도 보지 않을 것이며 나중에 고칠 수 있다는 전제하에, 여러분이 가진 모든 것을 다 쏟아내고 그것들이 여기저기 정신 없이 날뛰게 하고 있는 아이의 글과 같다.”

–앤 라모트(Anne Lamott), 『새들끼리(Bird by Bird)』

내부 비판자란 여러분에게 여러분이 쓴 글이 형편없고 앞으로도 그럴 것이라고 말하는 목소리이다. 그것은 여러분에게 글쓰기는 맞지 않는다고 말한다. 또 여러분의 문장은 애처롭고 이야기는 신참자나 쓸 만한 수준 낮은 내용이며 여러분의 상상력이 부족하다고 말한다. 여러분은 이 작가보다 못 하고 저 작가보다 돈도 못 벌 것이라고 말한다— 그래서 요점은 무엇인가?

내부 비판자는 자신에 대한 의심과 실패에 대한 두려움을 부추기고 글쓰기를 멈추게까지 할 수 있다.

그렇다면 글을 쓰기 위해 여러분은 이 목소리를 어떻게 막을 수 있나?

해독제:

그 생각을 인식하라

여러분은 이런 비판적인 생각이 검은 모래알처럼 여러분의 머릿속을 휘젓고 다니며 여러분에게서 생명력을 빼내 가지 못하도록 그것을 직시할 필요가 있다. 『예술가의 길(The Artist's Way)』에 나오는 줄리아 카메론(Julia Cameron)의 아침 페이지(morning pages)라는 제안이 이렇게 할 수 있는 한 가지 방법이다. 그것은 매일 손으로 3쪽의 글을 쓰며 여러분의 생각, 세상이나 글에 대한 감정을 낱낱이 적어 보는 것이다. 이렇게 하면 부정적인 생각을 찾아 내서 종이 속으로 추방시킬 수 있다. 분명히 내일이 되면 그런 생각이 다시 떠오를 것이다 — 이러한 생각은 창작하는 사람들에게서 결코 사라지지 않는다. 그러나 여러분은 오늘만은 그것이 무엇인지 알고 글쓰기를 시작할 수 있다. 나는 일기를 쓰며 자주 몇 단락만을 쓰기도 한다. 그러나 그것으로 충분하다.

또다른 방법은 명상이다. 앉아서 여러분의 생각을 바라보고 그 말들에 귀를 기울이며 그것들이 여러분 자신은 아니라는 사실을 찾아보라. 그러면 그것들은 힘을 잃고 여러분은 글쓰기를 계속할 수 있다.

비판자에게 잠시 쉬라고 말하라

창작 과정에서 직접 편집할 때는 비판자의 소리가 필요하지만 초고를 쓸 때는 그렇지 않다. 그래서 나중에 필요할 때 초대할 테니 잠시 동안 낮잠이라도 자라고 그 비판자에게 말하라. 우리 작품이 개선되기 위해서는 그 비판자의 눈이 필요하기 때문에 그것이 완전히 없어지기를 바랄 필요는 없고 단지 잠시 동안만 휴식하기를 바라면 된다. 이 내부 비판자를 침묵하게 하거나 없애는 방법에 대해서는 수많은 글이 있다. 그러나 나는 감사하며 부드럽게 대하고자 노력한다. 내 자신의 일부이기도 한 그 비판자에게 이렇게 이야기한다.

> 교정 과정에서 비판을 해줘서 고마워. 그러나 지금은 내가 놀면서 창작할 시간이 필요해. 네가 쉬었으면 해. 그러나 내가 일을 끝내면 돌아와. 너는 다음 작업을 도와줄 수 있어.

이 소리가 어색해 보일 수 있지만 자신에게 이야기하는 것은 내 창작 작업의 일부가 되었다. 나는 내 머릿속에서 이런 일을 하기에 이상한 사람으로 보이지 않는다!

어쨌든 글쓰기를 시작하라

의자에 앉아 무슨 말이든 적어라. 여러분이 '최고의 책'을 쓰기 위해 앉아 있을 필요는 없다. 왜냐하면 여러분 내부의 비판자가 아주 빨리 그 생각을 지워줄 것이기 때문이다. 그러나 여러분은 앉아서 머리에 있는 몇 개의 문장이나 서너 개의 장을 쓸 수 있다. 이 일을 겁나게 하는 어떤 행사로 만들지 마라. 몸을 일으키지 마라. 단지 글을 쓰기 위해 앉아 있어라. 이 일에 무슨 대단한 것이 있는가? 글쓰기를 재미있게 여기면 내부의 비판자는 여러분이 글을 쓰고 있다는 사실조차 모를 수 있다.

"우리는 우리 글과 같지 않다. 우리의 글쓰기는
우리를 통과하는 한 순간일 뿐이다."
–나탈리 골드버그(Natalie Goldberg), 『거침없는 생각(Wild Mind)』

1.6. 판단에 대한 두려움

"아마도 여러분이 옷을 벗고 거리를 걸어가며 여러분 마음과 머릿속에 있는 것들을 너무 많이 드러내며 여러분 자신에 대해 너무 많은 걸 보여주고 있다고 생각되는 순간, 바로 그 순간이 여러분이 일을 제대로 하고 있을 때일 가능성이 높다."

—닐 게이먼(Neil Gaiman)

너는 그것을 쓸 수 없다. 그것을 생각해도 안 된다. 그런 일들을 상상해서도 안 된다. 너는 그런 사람이 되기 위한 허가를 받지 않았고 그런 말들을 출판하도록 허락 받지 않았다. 너는 품행 단정한 숙녀이다. 사람들이 너를 어떻게 생각하겠는가?

내가 내 글을 자기 검열하지 않고 쓴 첫 번째 소설인 〈신성모독(Desecration)〉을 쓸 때 내 안의 비판자가 한 말들이다. 나는 그 책을 보고 사람들이 나를 어떻게 판단할지 두려웠다.

나는 항상 착한 사람이었고 사람들을 기쁘게 하려고 애썼고 다른 사람들이 나를 좋아하기를 바랐다. 나는 갈등을 싫어하고 말다툼하는 것을 좋아하지 않는다. 나는 시험을 잘 봤으며 옥스포드 대학에 갔고 좋은 직장을 다녔으며 승진도 했다. 나는 항상 세금도 기한보다 일찍 냈다! 그러나 단정한 숙녀나 청년이 되는 일이, 내 안에 있는 예술의 신이 진정으로 말하고 싶은 것을 막을 수 있다.

〈신성모독〉이라는 소설에서 내가 좋아하는 문신, 신체 변형, 의학 역사를 다루는 것은 두려운 일이기도 했지만, 나는 해방감도 느꼈다. 나는 소설에 등장하는 인물들을 통해 금지된 소재들을 다루었으며, 내 머릿속 깊은 곳에 있는 것들을 드러냈다. 이런 흐름으로 삼부작의 다른 두 권 〈섬망(Delirium)〉과 〈일탈(Deviance)〉이라는 작품도 썼다. 나는 미친 사람과 금기시되는 것들에 관심이 많다.(물론 내 소설에서만 그렇고 내 일상은 아주 정상적이다!) 내가 자유롭게 글을 쓰면 그 이야기들은 보통 어둡고 복잡해지며, 그래서 나는 글을 쓰기 시작할 때는 스스로 검열하지 말자고 되뇌인다.

아니면 얕은 곳에서 안전하게 머물 수도 있다.

여러분은 이런 상황을 이해할 수 있나?

이제 내 자신을 있는 그대로 글로 표현하도록 통제를 풀었기 때문에 마침내 진실한 내 목소리를 찾게 되었다. 한 친구는 〈신성모독〉이라는 소설을 출판한 직후에 내가 전업 작가가 되고 나서 내가 변했다고 말했다. 그러나 사회가 나에게서 기대하는 것에 맞추고자 억압했던 것들이 이제 표면으로 드러나고 있는 것이라고 나는 생각한다. 나는 야생마 같은 내 욕구를 억압하는 일을 그만두었다.

가장 힘 있는 글은 우리의 잠재의식에서 나오는데, 이곳은 우리가 내부 비판 활동을 멈추고 자연스럽게 생각들이 나오게 할 때 접근할 수 있는 뇌의 부분이다. 판단에 대한 두려움은 이 부분의 활동을 막는데, 우리는 이것이 활동할 수 있게 해야 한다. 맞다. 이것은 위험한 일이다. 그러나 이것이 여러분의 작품을 울림이 있게 만드는 유일한 길이다.

우리 모두는 작가로서 정복해야 할 두려움이 있다. 다른 사람들은 우리가 그 두려움을 정복하는지를 지켜보고 있다. 그런데 우리가 그 두려움을 건드리지 않는다면, 우리는 왜 글을 써야 할까? 그러니 그 판단의 두려움을 어떻게 돌파할 수 있을까?

해독제:

여러분이 쓴 책이 여러분은 아니라는 사실을 이해하라

사람들이 여러분의 책을 판단할 때, 그들이 여러분을 온전한 한 사람으로 판단하고 있지는 않다는 사실을 기억하라. 내가 이집트 무덤 안에서 벌어지는 죽음의 의식에 대해 글을 쓴다면 (피의 성궤) 분명히 그 일이 내가 현실 생활에서 하는 일은 아니다!

여러분이 내 블로그나 팟캐스트를 보면, 내가 긍정적이며 매우 행복한 사람이라는 사실을 분명히 알게 될 것이다. 우리 모두는 복잡한 존재이며, 우리의 작품은 단지 특정 시점에 드러나는 우리의 성격 중 한 단면일 뿐이다.

책에 대한 판단의 두려움을 이길 수 있는 가장 쉬운 방법은 또 다른 책을 쓰는 것이다. 지금 현재의 나는 변하며 다음 책은 다른 것이 될 것이기 때문이다. 우리는 일을 하며 바뀌고 또 그 반대도 사실이다. 책을 쓸 때마다 내가 계속 변해가고 있기 때문에 판단에 대한 두려움도 줄어들고 있다는 사실을 나는 발견했다.

강하고 굳건하게 지내며 여러분을 이해하는 사람이 주변에 있게 하라

내 남편은 (다행스럽게도) 휴가 때 낯선 곳을 가고 싶어하는 나를 이해해 주고 있다. 헝가리 부다페스트에서 낭만적인 주말을 보낼 때 공포의 집과 오래된 회당 빈민가에 있는 공동묘지에 갔다. 프랑스 파리에서는 무시무시한 지하 동굴에 6백만 명의 사람들 시신이 있는 지하 납골당에 갔었다. 이 경험들은 내 아케인(ARKANE) 스릴러 작품에 배경으로 등장한다.

이렇게 죽음과 관련한 것들에 대한 흥미는 나의 일부였다.

내가 이렇다는 사실을 일단 인정하고 나서 이런 것들을 즐기는 다른 사람들을 알게 되었다. 여러분의 가족이나 친구가 아니더라도 나는 여러분이 하는 탐색과 작품을 지지하는, 여러분과 비슷한 생각을 가진 사람들을 여러분이 찾게 되기를 희망한다. 여러분이 어떤 곳에 소속되든지 온라인 커뮤니티에서 그런 곳을 찾을 수 있을 것이다.

어두운 면도 기꺼이 받아들이는 것이 심리적으로 건강하다는 사실을 이해하라

융의 심리학에서는 어두운 면이 우리 자아에서 중요한 부분이다. 인생은 달콤하고 밝은 것으로만 되어 있지 않으며, 옛날부터 내려오는 동물적인 본능에 문명이라는 얇은 보호막이 있을 뿐이다. 죽음과 두려움, 폭력과 성이 언제나 문명의 한 부분을 차지할 것이며, 작가로서 이런 점을 받아들이고 글로써 표현하는 일은 중요하다. 우리가 두려워하는 것들이 글로 표현될 때 오히려 그것들의 영향력은 줄어든다.

필명 사용을 고려하라

판단을 두려워하는 것이 어쩔 수 없다면 필명 사용을 생각해 보라. 많은 성애물 작가들이 본인의 정체를 감추기 위해 필명을 사용한다. 그리고 두려움이 여러분의 글쓰기를 방해할 정도라면 분명히 이 방법을 고려할 만하다. 또 이는 기존의 명성에 영향을 주지 않으면서, 또한 독자층을 혼란스럽게 하지 않으면서, 그리고 감정을 상하게 하지 않으면서 새로운 장르로 들어가는 방법이 될 수 있다. 예를 들면 정통 문학 작품을 쓰던 작가가 연애소설을 쓰거나 아동용 책 작가가 공포물을 쓰는 경우이다.

"여러분의 예술에 대한 사람들의 반응은 여러분에게 속하지 않는다 — 이것이 유일하고 건전한 창조하는 방법이다."

– 엘리자베스 길버트, 『거대한 마술』

1.7. 완벽주의

"세상에 완벽한 것은 없기 때문에 완벽주의는 자기 파괴적이다. 완벽은 이룰 수 없는 목표이다."

–브레네 브라운(Brene Brown)

책이 완성된 것을 여러분은 어떻게 아는가?

이것은 많은 작가들이 고민하는 질문인데, 그래서 어떤 책은 작가가 문장을 계속 수정하거나 이야기 전개를 계속 고민하다가 완성하는 데 수 년이 걸리기도 한다. 몇 주간 이리저리 고민하다가 마침내 한 문장을 완성하고 나서 간신히 다음 문장으로 넘어갔지만 몇 주가 지난 다음에 다시 돌아와 더 많이 고치기 시작한다.

진리는 어떤 것도 완벽하지 않다는 것이다.

여러분이 세 명의 편집자를 고용하고 열 명의 교정자를 이용한다고 하더라도 오타나 잘못된 부분을 지적하는 독자의 이메일을 받게 될 것이다.

출판된 어떤 베스트셀러든 하나를 골라 오타를 찾아 훑어보

라. 여러분은 분명히 그것을 발견하게 될 것이다.

문학상을 받았든 아마존에서 잘 팔리는 책이든 하나를 골라 그 책에 대한 비평을 확인해 보라. 그 책이 인기를 얻을수록 사람들은 더 많은 문제를 제기한다. 모든 사람을 만족시키는 책은 결코 없으며 이것은 어쩔 수 없다. 모든 사람들이 여러분의 책을 좋아하지는 않으며, 몇 개의 오타가 세상의 종말은 아니다.

해독제:

최고를 추구하고 여러분의 책이 가장 최고의 것이 될 수 있도록 과정을 밟아가라. 직접 편집을 하고 나서 전문 편집자에게 맡기고, 필요하면 다시 쓰고 교정자도 이용하라. 여러분은 쓰는 단계별로 독자들의 반응을 받아 볼 수 있는 와트패드(Wattpad.com) 같은 사이트를 이용할 수도 있다. 그러나 여러분 책의 마감시한을 확실히 정해 놓아라. 그렇지 않으면 이런 편집하는 과정이 완벽주의의 또 다른 형태가 될 수도 있다.

여러분이 기한을 정하고 이렇게 철저한 과정을 거쳤으면 어떻게 출판하기로 결정했든지 세상에 그 책을 내놓도록 하라. 다시 편집하고 싶은 마음이 들면 여러분 자신에게 솔직하게 이런 질문을 하라.

- 다시 한 번 살펴 보면 그 책을 확실히 차이 나게 개선할 수 있나?
- 이 책을 계속해서 다시 편집하는 대신 새 책을 시작하는 것이 낫지 않나?

어느 시점에는 내부 비판자의 목소리나 사람들의 부정적인 목소리에 여러분의 귀를 닫을 필요가 있다. 최선을 다하고 나서는 여러분의 책이 세상에 등장할 수 있도록 하라. 이런 일로 갈등하는 사람들에게 나는 크리스틴 캐스린 러쉬(Kristine Kathryn Rusch)가 쓴 『완벽의 추구와 그 해악(The Pursuit of Perfection and How it hurts Writers)』이란 책을 추천한다.

물론 문제가 더 심각할 수 있다. 세상에 여러분의 글을 보이기가 어렵다면, 거절과 비판에 대한 두려움에 관해 쓴 1장 4절과 판단에 대한 두려움에 관해 쓴 1장 6절에 대해 읽어 보라.

"완벽하지 못할까 염려하지 마라 — 너는 절대로 그렇게 될 수 없다."

–살바도르 달리(Salvador Dali)

1.8. 작가의 장애와 미루기

"일이 막히면 책상에서 벗어나라. 그리고 산책을 가거나 목욕을 하거나 잠을 자거나 파이를 만들거나 그림을 그리거나 음악을 듣거나 명상을 하거나 운동을 해라. 무슨 일을 하든 책상에 앉아 문제 때문에 짜증내지 마라. 대신 전화를 걸거나 파티에 가지는 마라. 그러면 다른 사람들의 말이 당신이 생각해내야 할 말을 대신할 것이다. 떠오를 그 말들을 위해 문을 열어 주고 빈 공간을 남겨두라. 인내심을 가져라."

–힐러리 만텔(Hilary Mantel)

대부분의 작가들이 적당한 단어를 찾느라 고생한 경험이 있다. 그러나 작가의 장애는 하나의 원인과 하나의 결과로 이루어진 병이 아니다. 이 용어는 여러 가지 원인과 해결 방안이 있는 수많은 문제들을 하나로 통일해 부르기 위해 사용된다. 어떤 장애는 두려움, 걱정과 앞에서 다뤘던 여러분 내부의 비평가 때문에 생긴다. 그러나 여기서는 여러분이 글을 쓰다 멈추게 되는 몇 가지 예들을 말하고자 한다.

신참 작가로서 첫 번째 책을 쓰다 막혔을 때

이때 '장애'는 일반적으로 책을 어떻게 써야 할지 모르는 것으로 진도가 나가지 않아 좌절하며 시간을 낭비하게 된다. 때로는 아이디어의 부족이나 이야기를 엮는 방법을 몰라 생긴다. 그러나 지식이 부족한 경우가 더 많다.

어떤 종류의 책을 쓰고 싶어서 생기는 경우도 있는데, 문학상을 받은 책처럼 쓰고는 싶지만 전혀 그렇게 할 수 없는 경우이다. 이것이 내가 수 년 동안 소설을 쓸 때 경험한 장애이다. 내 어머니는 영어 교사였고 나는 옥스포드 대학교에 입학했으니, 나는 문학적인 소양이 있는 환경에서 자랐다. 나는 맨부커상(the Man Booker Prize) 후보가 될 만한 작품을 쓰거나 움베르토 에코(Umberto Eco)의 〈장미의 이름(The Name of the Rose)〉 같은 작품을 써야 한다고 생각했다.

그러나 실제로 나는 급박하게 진행되는 스릴러를 읽기 좋아했고, 학교에서 영문학을 공부할 때 죄책감을 갖고 즐겨 읽었던 책은 클라이브 커슬러의 더크 피트(Dirk Pitt) 이야기였다. 나는 본드 영화를 즐겼고, 가장 좋아하는 영화는 〈콘에어(Con Air)〉였다. 사람들이 신중하게 받아들여야 할 이야기보다 즐길 수 있는 재미있는 책을 쓰라고 스스로에게 허락한 후에는 누구도 내가 책을 쓰는 것을 막을 수 없었다! 내 장애물은 사라졌고 나는 이런 종류의 책을 쓰는 방법을 배우는 데 집중했다.

해독제:

여러분(또는 다른 사람들)이 써야 한다고 생각하는 것을 무시하고 여러분의 책꽂이를 살펴보라. 여러분은 어떤 책 읽기를 좋아하나? 부끄러워하면서도 즐기는 것이 무엇인가? 여러분에게 설사 문학적인 배경이 있더라도 자신에게 솔직해라. 여러분이 재미있어 하는 것이 무엇인가?

알았으면 그것을 써라.

책 쓰는 방법(여러분이 쓰고 싶어하는 장르에 관한 책이 좋다)에 대한 안내서를 읽어라. 추가 정보를 얻기 위해 책들의 참고서적 목록을 보라.

처음으로 책을 쓰고 있는 사람들이 있는 지역 수업에 참여하라. 창조적인 글쓰기에 대한 조언을 주는 글쓰기 수업을 들어라.

'힘 빠지는 중간'에 글을 쓰다가 막힌 경우에

이 경우 장애는 아이디어의 고갈일 수 있다. 여러분은 아마 만족스러운 출발을 하고 생각해 놓은 결말도 있지만 이것들을 어떻게 엮어야 할지 모른다. 또는 이야기가 진부해서 쓸 가치가 없다고 생각하기 때문일 수도 있다(1장 1절의 자기 의심 부분을 참조하라). 글을 완성해가는 데 전혀 도움이 되지 않는 일들로 시간을 보내며 미루고 있을 수도 있다.

때로는 짧게 쓰는 것이 적당한 이야기를 너무 길게 쓰려고 애쓰고 있을 수도 있다.

해독제:

소설이면 주제, 배경, 인물에 대해, 비소설이면 소재에 대해 더 조사하라. 창조의 우물을 채워라. 여러분의 머리를 하나의 파이프로 생각하라. 무언가를 위에 집어넣으면 변형되어 아이디어가 아래에서 나오도록 해야 한다.

휴식도 취하라. 나는 중간에 막히거나 쓰고 있는 책에 질렸다고 느껴지면 산책을 간다. 신선한 공기는 많은 질병을 치료한다. 때로는 내가 수주나 수개월 동안 길게 일해야 할 경우에는 더 긴 휴식이 필요하다. 글 쓰는 일에서 며칠간 또는 몇 주의 휴가를 보내고 나면 새로운 마음으로 다시 글 쓰는 일을 시작할 수 있다.

그러나 여러분이 단지 미루고만 있다면, 하던 일을 멈추고 의자에 엉덩이를 붙이고 앉아 다시 글을 쓰도록 하라. 글을 쓰는 것이 중요하다.

책을 마치고 바로 다른 책을 써야 한다고 생각하고 있는데 막혔다면

여기에 내가 다섯 번째 책 〈지옥의 대문〉을 다 쓰고 일주일 후에 일기에 쓴 내용이다.

> 내 머리는 완전히 비워져 있다. 다른 생각은 결코 갖지 못할 것이다. 이 책이 내가 쓴 마지막 책이라면? 다른 아이디어가 떠오르지 않는다면? 내 인생은 이제 글을 쓰고 작가로서 사는 길로 정해져 있다. 그런데 다른 책을 쓰지 못한다면 내 인생은 끝이다. 나는 망했다.

나는 그 이후로도 여러 권의 책을 썼다. 너무나도 분명하게 감정은 일시적이기 때문에 이제는 공허감이 창조적인 과정의 한 부분임을 나는 잘 이해하고 있다.

그러니 걱정하지 말라. 그것이 정상이다. 책을 마치고 나면 대부분의 작가에게 일어나는 일이다. 여러분의 모든 것을 그 원고에 바쳤고 그것은 여러분을 조각 내서 모든 것을 가져갔다. 그러니 공허한 감정이 드는 것은 당연하다.

해독제:

창조의 우물을 채워라. 그리고 새로운 아이디어의 출현을 믿어라. 이 비정상적이고 혼란스러운 세상 가운데에서 무언가가 나올 것이다. 여러분이 쓴 책이 잊혀지기를 조금만 더 기다린다면 아이디어들이 다시 생겨날 것이며, 여러분의 머릿속은 문자로 표현되기를 기다리는 문장들로 가득찰 것이다. 여러분이 아이디어 때문에 고민하고 있다면 다음 장 1장 9절을 읽도록 하라. 3장에는 창작 과정의 구분과 저자로서의 경력을 관리하는 방법에 대한 내용이 있다.

문제가 무엇이든간에 페이스북에서 친구들과 그 문제에 대해 몇 주 동안 한탄하거나 … 기분 전환하는 소일거리로는 작가의 장애를 극복할 수 없다. 이것을 극복하는 유일한 방법은 근본 문제를 해결하는 행동을 취하고 나서 … 다시 글쓰기를 하는 것이다.

"나는 내 기대를 낮춰서 작가의 장애를 해결한다. 문제는 우리가 앉아서 글을 쓰면서 무언가 놀랍고 훌륭한 것을 이룰 것이라고 상상하기 때문에 발생한다고 생각한다 — 그렇게 하지 못하면 공포감이 생긴다. 해결책은 앉아서 무엇인가 큰 일을 할 것이라고 생각하지 않는 것이다. 나는 거의 매일 조금씩 글을 쓰며 두세 단락, 혹은 운이 좋은 날에 네 단락을 완성하면 나 자신을 행운의 남자로 여긴다. 토끼가 되려고 하지 마라. 모든 사람은 거북이에게 환호한다."

-말콤 글래드웰(Malcolm Gladwell)

1.9. "나는 창조적이지 못해. 아이디어도 없어"

"모든 아이는 예술가이다. 문제는 우리가 어른이 된 후에도
어떻게 예술가로 남을 수 있는가이다."
—파블로 피카소(Pablo Picasso)

나는 여러 해 동안 내가 창조적인 사람이 아니라고 진정으로 믿었기 때문에 이 문제와 씨름해왔다.

"내 가족은 매우 창조적이다."라고 나는 사람들에게 말하곤 했다. "내 아버지는 인쇄업을 하시고 내 어머니는 그림을 그리시며 내 동생은 직물 디자이너이고 내 남동생은 패션 디자이너이다. 그러나 나는 그런 쪽으로 재능을 타고 나지 않았다."

나는 항상 책과 배움을 좋아했고 시험도 잘 보았다. 그래서 학업의 길로 나아가 예술 대신 고대 그리스어(!!)를 택했고, 영문학 수업을 너무 진지하게 들었기 때문에, 내가 읽고 싶어하는 것을 쓸 수 있다고 생각하기보다는 써야 할 글의 수준에 미리 주눅들었다. 켄 로빈슨(Sir Ken Robison)이 놀랍게 테드(TED)에서 강연했던 것처럼, "우리는 사람들이 그들의 창의력을 발휘하지 못하게 교육하고 있다."가 내 상황이었다.

나는 옥스포드 대학교에 갔는데 여기서 나는 공부에 더 빠졌고, 종교학 석사를 받은 후 컨설팅 회사에서 직장 생활을 하게 되었다. 내가 적극적으로 선택하지 않은 일련의 과정을 거쳐, 나는 구매 부서의 회계 시스템 운영에 전문화된 인력으로 13년 동안 대기업에서 일하게 되었다. 이 일보다 더 창의적이지 않은 것을 상상할 수 있나?

나는 내 회사 경력을 전혀 후회하지 않는다. 왜냐하면 내가 배워온 기술이 내 사업을 운영하고 있는 지금 유용하기 때문이다. 그러나 나는 오랫동안 왜 일을 즐기지 못하고 마음이 공허한지 고민하며 우울하게 지냈었다.

그때 내 첫 번째 책을 쓰기 시작했고 내 인생이 바뀌었다.

10년 후 나는 전업 작가로 살고 있으며, 내 회사 이름은 '창조적인 펜(the Creative Penn)'이다. 나는 내가 오랫동안 거부했던 그 단어를 회사 이름에 넣기로 결정했다.

만약 여러분이 '나는 그렇게 창조적이지 않다'고 생각하고 있다면 어떻게 해야 할까?

해독제:

여러분의 마음가짐을 바꿔라

나도 내가 더 창조적이었으면 하고 바란 적이 있다. 그러나 먼저 나는 내 삶을 어떻게 바꿀 수 있는지를 정말 몰랐다. 나는 자기 계발 관련 책을 읽기 시작했고 몰스킨 노트를 쓰기 시작했다. 내 마음을 바꾸기 위해 오디오북과 여러 프로그램을 사고 많은 팟캐스트를 들었다.

우리는 모든 것을 한번에 배울 수 없다. 나는 장거리 출근길에 오디오 프로그램 전부를 듣곤 했는데, 내용 중에 아마도 한 가지 정도를 배울 수 있었던 것 같다. 그렇지만 그때 나는 반복해서 들었고, 그래서 또 무언가 배울 수 있었다. 시간이 지나며 창의력에 대한 내 지식은 커져 갔다. 다른 사람의 경험담을 듣는 것은 그 변화 과정을 알 수 있게 해주어 영감을 주기도 한다. 누구도 첫날에 성공할 수 없으며, 우리 모두는 아무것도 없는 상태에서 시작한다. 이것이 내가 '창조적인 펜' 팟캐스트를 시작한 이유 중 하나이다. 왜냐하면 이런 과정에 있는 다른 사람들을 도와주고 싶었기 때문이다.

한 책이 특별히 내 인생을 바꿨다. 잭 캔필드(Jack Canfield)가 쓴 『성공의 원칙들(The Success Principles)』은 나를 움직이게 했고,

내 삶과 내 선택에 대해 내가 책임을 지도록 만들어 주었다. 이 책이 내가 진정으로 원하는 것을 결정하게 도와주었고, 2006년 당시 나는 창조적이지도 않고 작가도 분명히 아니라고 생각하고 있었지만 "나는 창조적인 사람이야, 나는 작가야."라는 긍정적인 말을 할 수 있도록 격려해 주었다!

지금도 믿기 어렵지만 처음에 나는 그 말을 크게 말하기도 어려웠다. 아마 그 말이 많은 것들을 의미하기 때문일 것이다. 나는 그 말을 일기에 적었을 뿐이고 지갑에 넣어 두는 카드에 썼을 뿐이다. 그러나 시간이 흐르면서 퇴근해서 집으로 오는 길에서 이 말들을 속삭이기 시작했다. 이 문장을 크게 말하는 것이 내가 원하는 것을 더 명확하게 해주었고, 또 내가 그 목표를 달성할 수 있을 것이라는 자신감도 키워 주었다. 이 긍정의 말을 한 후 18개월 후에 내 첫 책이 세상에 나오게 되었다. 1년 후에는 내 웹사이트 '창조적인 펜(TheCreativePenn.com)'을 시작하게 되었고, 3년 후에는 작가로 생활할 수 있게 되어 직장을 떠나게 되었다. 이 모든 과정이 내 마음가짐이 변하는 것에서 시작되었다.

"창조력은 재능이 아니다. 그것은 일을 하는 방식이다."

—존 클리스(John Cleese)

여러분의 호기심을 따르고 신뢰하라

여러분이 아는 것을 쓰지 말고 관심 있는 것을 써라. 그러면 아이디어가 부족하게 되지 않을 것이다. 만약 호기심이 많은 사람이라면 항상 배울 것이고, 항상 새로운 것을 경험하게 되어, 그것들을 여러분의 책을 쓰기 위한 기초로 사용할 수 있을 것이다. 만약 내가 어떤 새로운 것에 대해 알고자 하면 나는 보통 그것에 대해 책을 쓴다. 왜냐하면 내가 글을 쓰는 동안 내가 생각하고 있는 것에 대해 알 수 있기 때문이다. 그 세계가 분명해져 흑백으로 구분할 수 있게 되며 글을 쓰는 창작 과정에서 내 자신에 대해 새로운 사실을 발견하게 된다. 이것이 내가 쓴 소설 책들에 초자연적이거나 신성한 요소가 있는 이유인데, 나는 여전히 내가 믿고 있는 것을 탐구하고 있기 때문이다. 그리고 내가 쓴 비소설들은 그때 그때 필요에 따라 썼는데, 예를 들면 내가 쓴 『저자를 위한 사업 방안: 작가 기업가가 되는 방법』이라는 책은 창조적인 기업이 어떻게 운용되는지 알고 싶어서 또한 다른 사람들이 이 과정을 잘 통과하도록 돕고 싶어서 썼다.

여러분의 호기심을 신뢰하는 것이 매우 중요하다. 인터넷 이전에는 우리를 매혹시키는 특별한 것들을 좋아하는 다른 사람들을 찾기가 매우 힘들었다. 그러나 지금은 온라인에서 당신과 같은 사람을 항상 찾을 수 있다. 예를 들면 나는 무덤을 좋아하는데(나는 묘지 방문을 좋아한다), 이 책을 읽는 세 사람 중 한 명은 같은 취미를 갖고 있을 수 있다. 다른 사람들은 우리를 이상하게 생각할 것이다! 그래도 괜찮다. 나는 이전에는 사람들이 나를 이상하게 볼까 봐 걱정이 되어 공개적으로 이런 취미를 밝힌 적이 없다. 그러나 내가 이것을 이야기하자마자 나는 같은 취향을 가진 새로운 사람들을 알게 되었다.

지금은 내가 여행 중에 방문한 묘지나 아름답다고 생각하는 조각 또는 건축물의 사진을 '핀터레스트(Pinterest)'라는 사이트에 올리면, 같은 것에 흥미를 갖고 있는 다른 사람들의 반응이 올라온다. 그리고 이런 것들을 내 책에 집어넣으면 그것을 좋아하는 사람들이 있다.

창조의 우물을 채워라

여러분은 무에서 창조할 수 없다. 먼저 어떤 정보들을 알아가는 과정 없이 책상 앞에 앉자마자 글을 쓸 수 있을 것이라고 생각하면 안 된다. 여러분 안에 글로 쓸 만한 재료들이 있어야 하며, 그 재료들을 다른 곳에서 구해야 한다. 처음 시작할 때 나는 아무 생각이 없었다. 어떻게는 고사하고 무엇을 써야 할지도 몰랐다. 그때 나는 줄리아 카메론(Julia Cameron)이 '예술가의 데이트'라고 부른 것을 하기 시작했고 그것이 큰 변화를 가져왔다.

기본적으로 여러분의 창조적인 자아를 위해 무언가를 할 시간을 마련해야 한다. 그것은 미술관을 가거나 창의적인 수업에 참여하거나 영감을 주는 장소를 걷거나 흥밋거리를 찾아 책을 읽거나 이런 일들 대신에 하는 다른 일들에 죄책감을 느끼지 않는 것이 될 수 있다.

그리고 나서 '예술가의 데이트' 를 하는 동안 여러분의 생각과 질문을 찾아보고, 이것이 중요한데 그것들을 적어 보라. 나는 여전히 몰스킨 노트를 사용하고 있지만, 아이디어를 위한 폴더가 있는 내 아이폰의 Things앱도 사용하고 있다. 어떤 사람은 에버노트(Evernote)를 사용하기도 한다. 나는 떠오르는 생각이 보통 한 줄의 문장이지만 한 단어이더라도 적어 놓는다.

아래는 내가 최근에 기록한 것들이다.

- 옛 중국의 토기장이들은 그릇으로 만들기 전에 진흙에 글자를 쓰기도 한다.
- 뼈에서는 피가 나지 않는다.
- 여러분이 들어본 적도 없는 사람들을 위한 식당에서, 여러분이 들어갈 수도 없는 방에서 일하는 비밀 파티셰 요리사들
- 멕시코에서 황제나비는 죽은 자들의 날에 도착하기에 잃어버린 아이라고 불린다.
- "프라하라 불리는 신화에서 태어나다" 카프카

지금은 이런 짧은 메모가 수천 개나 된다. 나는 책을 쓸 아이디어를 찾거나 심심할 때 이것들을 살펴본다. 나는 이 메모들을 의식적으로 찾아보지 않고도 내 책에 그 아이디어를 사용했다는 사실을 자주 발견한다. 정말 우리의 뇌는 놀랍다! 물론 위의 내용 중에서 어떤 것이 여러분에게 어떤 영감을 준다면 자유롭게 그것을 사용하라. 아이디어는 아무것도 아니다. 실행이 중요하다!

소비와 창조의 균형을 맞춰라

이제 여러분은 머릿속에 집어넣은 것을 꺼내어 다른 무언가로 바꾸는 일이 필요하다. 이것이 소비와 창조 사이의 균형인데, 이 둘은 계속 균형을 유지할 필요가 있다.

만약 너무 많이 머리를 소비하면 창조할 시간이 없게 된다.(만약 글을 쓸 시간을 찾느라 애쓰고 있다면 TV를 보는 데 쓰는 시간을 계산해 보라!)

여러분이 창조의 우물을 채우지 않고 너무 많이 창조하면 여러분의 소재가 없기 때문에 글을 쓸 수 없게 될 수 있다.

작게 시작하고 계속 배워라

스스로 전혀 창조적이지 않다고 생각하는 데서 출발해 한 달 만에 첫 번째 책을 완성하는 일은 아주 불가능하다. 여러분은 실패할 것이고 그래서 낙담해서 오랜 기간 움츠리고 있을 수 있다. 여러 해 전 직장 일을 포기하고 소설을 쓰기 위해 석 달을 일정에서 비워 놨을 때 이 일이 내게 일어났다. 나는 일을 시작할 단서를 갖고 있지 않았고 책상 앞에서 나는 왜 이렇게 못하나 생각했다. 그래서 계획보다 빨리 직장으로 복귀하는 것으로 끝났다. 수년이 지난 후에 내가 다시 도전했을 때 나는 배우는 데 시간을 많이 투자하고 비소설부터 쓰기 시작했다. 왜냐하면 비소설이 소설보다 더 빨리 배울 수 있기 때문이었다. 또 내 직장은 유지하면서 여유 시간에 글을 썼는데, 그래서 시간적으로나 소득 면에서 부담이 없었다.

노는 일도 배워라

글 쓰는 데 너무 진지해지지 마라. 창조할 때는 어린 아이와 같은 태도를 가져라. 과정을 즐겨라. 하루 종일 모니터 앞에서 눈썹을 찡그리며 앉아 있는 대신 가끔 미소 짓거나 웃어라. 책을 완성해야 하고 마음에 있는 것들을 종이에 옮겨야 하는 건 분명하지만, 이 일이 정말 그렇게 중요한가?

여러분이 하는 일을 알기 전에 일단 시작하라

어느 시점에는 창조력이나 글쓰기에 대한 책을 읽는 일을 멈추고 실제로 무언가를 창조하기 위해 글을 써야 한다. 물론 계속 배우는 것이 훨씬 안전하기는 하나 이것이 여러분의 목표에 도달하는 데 도움이 되지 않는다. 여러분은 모든 것을 알 수 없으며 관련된 책을 다 읽거나 수업을 다 들을 수 없다. 그러니 일단 시작하고 나서 진도를 나가면서 배워라. 다른 작가들도 그렇게 한다.

"몽상에서도 아이디어를 얻는다. 지루함에서도 아이디어를 얻는다. 항상 아이디어를 얻는다. 작가와 다른 사람의 유일한 차이는 우리는 이것을 하고 있는 때를 알아차린다는 사실이다."

—닐 가이만(Neil Gaiman)

1.10. "내 글은 독창적이지 않아"

"사람은 모두 독창적이다, 그가 진실을 말한다면, 자신의 이야기를 말한다면. 그러나 그 내용이 자신이 그래야만 한다고 생각하는 자아에서가 아니라 진정한 자아로부터 나와야 한다."

– 브렌다 유랜드(Brenda Ueland)

모든 이야기는 이전에 쓰인 적이 있다.

모든 비소설의 주옥 같은 지혜도 이미 알려져 있다.

인류의 모든 경험도 셀 수 없이 많은 책들에 기록되어 있다.

이런 사실들이 우리를 무력하게 만든다. 특히 자기 의심이라는 악당을 어떻게 처리해야 할지 모르는 초보 작가 시절에.

그러나 여러분의 생각은 기록된 적이 없고 여러분의 이야기는 이전에 알려진 적이 없다.

여러분의 창의성은 독특하며, 여러분이 세상에 내놓은 것은 비록 같은 주제이더라도 다른 사람과 다를 것이다.

독창성은 이미 지나간 것의 변형일 뿐이다. 피카소가 말했듯이, "위대한 예술가는 훔친다." 나는 소설을 쓰기 전에 소설 작법에 대한 책을 많이 읽는다. 또 스릴러 책도 많이 읽는다. 그러나 내가 읽은 내용을 자세히 분석한 후에야 소설을 쓰기 위한 방법에 대해 실제로 무언가를 알게 되었다. 내가 좋아하는 제임스 롤린즈(James Rollins)가 쓴 〈최후의 날 열쇠(The Doomsday Key)〉를 기초로 해서 각 장의 내용을 일어난 일, 관점, 장의 길이, 아슬아슬한 상황을 묘사하는 부분의 처음과 끝 문장 등을 분석했다. 이런 치밀한 읽기와 분석을 하면 성공한 책들의 구조를 이해하는 데 도움이 되며, 여러분은 이 방법을 비소설이나 회상록을 포함하여 어떤 장르에든 사용할 수 있다. 그러면 그 구조와 배운 것을 사용하여 여러분 나름의 변형을 만들 수 있다.

이것은 표절이 아니다. 표절은 다른 사람의 작품을 그대로 베끼는 것이기 때문이다. 또 이것이 다른 작가의 구조를 가져다 그대로 사용하면서 이름과 장소를 바꾸고 기본 아이디어는 유지하는 것을 뜻하지도 않는다. 이것은 모델을 만들거나 특정 책이 어떻게 전개되는가를 이해하는 것 이상을 의미하며, 독자로서 여러분을 몰입하게 하는 것이 무엇인지 알아내고 그 과정을 여러분 작품에 적용하는 것이다.

예를 들면, 최근에 나는 조나단 머베리(Jonathan Maberry)의 놀라운 조 레저(Joe Ledger) 시리즈를 앉은 자리에서 다 읽었는데,

내가 그 책들에서 특별히 좋아한 점들을 골라봤다.

- 전세계를 무대로 하는 음모를 막는 비밀정부조직과 강한 여성 인물이 있고 부상 입은 암살자가 인도하는 전사 조직이 등장한다.
- 유전공학과 과학이 있는 기술 관련 스릴러 요소
- 괴물 같은 고전적인 요소와 흡혈귀, 좀비, 신비로운 존재 같은 공포스러운 악당을 결합했다.
- 빠른 전개와 대량 살상

나는 제임스 롤린스(James Rollins), 제레미 로빈슨(Jeremy Robinson), 매튜 릴리(Matthew Reilly) 등의 소설에서도 비슷한 면을 좋아했고, 이것들을 내 스릴러 작품에 적용한다.

이것이 우리 책이 모두 같다는 뜻인가?

전혀 아니다.

이런 책들은 독자들을 즐겁게 해주며, 우리 모두는 액션 어드벤처 스릴러의 구조에 각자 독창적인 변형을 만들어냈다. 비슷하게 작가를 위한 수백만 권의 책들이 있지만, 이 책은 내 경험이 여러분에게 유용하기를 바라는 내 방식대로 쓰였다.

무엇을 쓰고자 하든지 여러분은 새로운 영역을 개척하고 새로운 특징을 갖기 위해서 독자들의 기대가 무엇인지 그리고 과거에 어떤 책들이 있었는지를 알 필요가 있다.

해독제:

이미 벌어진 일은 받아들이고, 여러분이 즐기며 쓰고자 하는 장르의 책들을 많이 읽어라. 그 책들의 특징들이 여러분의 글에 당연히 자연스럽게 나타날 것이지만, 여러분의 상상력과 생각을 담아 더 발전시킬 수 있을 것이다.

초고에서 드러나는 모방이나 상투적인 표현에 신경 쓰지 마라. 글을 먼저 써 보고 교정을 보면서 수정하도록 하라.

"모방하려고 하지 않는 사람은 아무것도 이룰 수 없다."

–살바도르 달리(Salvador Dali)

1.11. “왜 글을 쓰지? 세상에 책들이 이미 많은데”

“왜 글을 쓰지? 왜 숨을 쉬지?”

–캐서린 맨스필드(Katherine Mansfield)

한 아이가 한 손에 크레용, 다른 손에 자신이 그린 그림을 들고 만족하고 뿌듯한 표정을 지으며 여러분에게 다가온다. 여러분은 그 아이에게 “세상에 그림이 너무 많으니 이 그림은 필요가 없다. 당장 그만 그려라.”라고 말하겠는가?

아니면 “정말 멋지구나. 더 그려 봐라.”라고 말할 것인가?

여러분의 창의적인 자아는 이 어린이와 같다. 여러분이 창조할 수 있는 것을 제약하기 시작하면 그 아이는 두려움에 위축되어 창조하는 일을 그만두게 된다.

이 업계의 누군가는 세상에 책이 너무 많다고 말한다.

또 작가들이 소수의 독자들을 놓고 경쟁한다고 한다.

또 다른 작가들이 여러분을 앞서갈지 모르기 때문에 그들을 도와서는 안 된다고 한다.

나와 독자 여러분은 예의 바른 사람들이기에, 또 나는 영국사람이기에 '말도 안 되는 소리' 정도로만 말하겠지만, 이것을 좀 덜 공손한 말로 표현할 수도 있을 것이다.

만약 여러분이, 예를 들면 특별하게 인정받은 소수의 비평가들이 가치 있다고 결정한 책처럼 제한된 숫자의 책만이 세상에 있을 수 있다고 생각한다면, 여러분은 자신의 창의성뿐만 아니라 세상의 이름없는 사람들의 목소리를 막고 있는 것이 된다.

여러분도 나처럼 작가가 되기 전에는 독자였을 것이다. 아마 여러분이 어렸을 때는 밤에 부모님이 여러분에게 책을 읽어 주었을 것이다. 자라면서 잠옷을 입고 혼자 책을 읽게 되었을 것이다. 나중에는 재미를 찾아 점심시간에 도서관에 갔을 수도 있다. 나처럼 독서가 취미일 수도, 열정의 대상이나 일상으로부터의 탈출구일 수도 있다.

이제까지 내 41살의 인생 동안 얼마나 많은 책을 읽었는지 나는 모른다. 그러나 여러분에게 이것은 말할 수 있다. 내가 이제까지 쓴 책보다도, 또 앞으로 내가 쓸 책보다도 훨씬 많은 책이 있을 것이라는 사실이다. 노라 로버츠(Nora Roberts)처럼 다작하는 작가의 경우, 일 년에 12권까지 쓴다. 그러나 사람들은 한 달에 한 권 이상을 읽고 있다. 한 명의 작가가 한 사람의 독자의 욕구를 결코 채워줄 수 없다.

해독제:

작가는 먼저 독자이다.

책을 쓰고 있거나 쓰고자 하는 모든 사람은 그가 쓸 책보다 더 많은 책을 산다는 사실을 이해하라. 세상 사람들이 모두 책을 쓴다면 아주 좋을 것이다! 그들 모두 자신이 쓴 책보다 더 많은 책을 읽을 것이다. 그러니 당장 여러분의 친구나 가족들이 책을 쓰도록 격려하라.

마음 상태를 풍요롭게 가꾸어라. 그러면 여러분은 더 행복해질 것이다. 여러분이 있는 자리에서 여러분과 비슷한 성향의 사람들에게 도움을 주는 작가를 찾아라. 그들의 책을 읽고 여러분의 독자들에게 추천하라. 무언가를 보답 받겠다는 기대를 하지 말고 줘라. 여기에 대해서는 3장 4절에서 더 이야기하도록 하겠다.

1.12. "나는 글을 쓸 시간도 없고 그렇게 하도록 스스로 훈련도 하지 못했어"

"글을 쓰게 하는 것은 달리기를 하게 만드는 것과 같다.
일단 시작하면 좋아하게 되고 그러면 왜 이제까지
이것을 하지 않으려고 했는지 의아하게 된다."
-나탈리 골드버그

글쓰기는 단순해 보이지만 쉽지 않다. 종이에 글을 쓰는 것이 세상에서 가장 어려운 일처럼 보일 수 있지만, 글이 없다면 우리는 아무것도 아니다. 글을 쓰는 데는 시간이 걸리고 시간을 마련하는 일이 습관이 되기까지는 처음에는 훈련이 필요하다. 그렇게 된 후에도 힘든 날들이 있다. 2014년 내 일기에서 발췌한 내용이다.

> 오늘은 아주 힘들었다. 글을 써야 할 때 나는 미적거렸다. 대신 이메일을 썼다. 크게 성과가 없는 일상적인 일들을 했다. 글을 쓰는 대신 트위터에서 시간을 보냈다. 스티븐 킹은 이렇게 행동하지 않았을 거라고 생각한다. 그는 아마 책상 앞에 앉아 뭔가 새로운 것을 썼을 것이다. 오늘 나는 지치고 환멸에 빠진 불쌍한 존재였다. 그러나 내일은 다시 작가가 될 것이다. 약속한다.

우리는 이런 때를 경험할 것이고, 글 쓸 시간을 찾는 도전은 매일 일어나는 전쟁이 된다. 또 작가의 시간을 뺏는 일은 계속 늘어난다. 이 모임을 가야 하나? 저 온라인 수업을 들어야 하나? 내 홈페이지를 만들고 블로그나 팟캐스트를 시작해야 하나? 인간 관계를 만들고 독자를 찾기 위해서 책이 완성되기 전에 소셜 미디어에 시간을 써야 하나?

시간이 드는 이 모든 일에는 장점도 있고 단점도 있지만, 궁극적으로 작가는 글을 써야 한다. 작가는 글쓰기에 대해 이야기(또는 트위트, 블로그, 페이스북, 인스타그램)만 하는 사람이 아니다.

만약 여러분의 책을 위해 글을 쓸 시간을 만들지 못한다면, 고통 받을 사람은 위의 내 일기에 나온 나처럼 여러분 자신이다. 계속해서 글을 쓸 시간을 만드는 일을 미룬다면 여러분은 스스로를 실패자라고 느낄 것이다. 내 인생을 도대체 무슨 일에 쓰고 있는지 의심할 것이다. 진전이 없기 때문에 실망할 것이다. 여러분이 글을 쓰도록 독려할 사람은 여러분 자신뿐이다. 그리고 시간을 낼 사람도 여러분 자신뿐이다.

해독제:

여러분이 무슨 일을 해야 할지 잘 알 것이라고 확신하지만 여기에 내 조언을 싣는다.

이 일을 얼마나 간절히 원하는가?

모든 사람은 같은 양의 시간을 갖고 있고, 사람들이 그 시간을 어떻게 쓰는지를 보면 그들이 중요하게 여기는 것이 무엇인지 알 수 있다. 물론 직장 일과 가정의 의무 사이에 균형을 이루어야 하지만, 여유 시간이 생기면 여러분은 무엇을 하는가?

내 삶의 전환점은 내가 글 쓰는 일에 완전히 전념할 때 일어났다. 나는 컨설팅 직업을 즐겁게 한 적이 없다. 그러나 그 일에 수 년간 매달렸는데, 그것은 생활하기 위해서는 해야만 한다고 생각했기 때문이다. 이런 변명을 극복할 수 있을 정도로 내 욕구가 커진 것은 내 삶을 도대체 무슨 일에 쓰고 있는지 고민하며 직장에서 울고 나서였다. 아침에 침대에서 뒤척거리는 대신에 나는 5시에 일어나 글을 쓰고, 배우고, 내 홈페이지를 만들기 시작했다. 퇴근해서 집에 오면 TV는 보지 않았고, 글쓰기, 창조적인 사업과 온라인 마케팅에 대한 책들을 읽었다. 주말에는 하루 종일 글 쓰는 데 시간을 보내려고 사교적인 모임들을 피했다. 그리고 상사에게 일주일에 4일만 근무하고 싶다고 이야기하고 근무시간과 급여를 20% 삭감하기로 협의해서 직장을 쉴 수 있는 하루를 마련했다. 3년 후, 나는 생활을 유지할 수 있는 내 사업을 갖게 되었기 때문에 직장을 그만두었다.

그러나 이 모두는 내가 진정으로 원했고 그것을 위해 시간을 만들었기 때문에 생긴 일이다.

여러분은 얼마나 이 일을 원하는가?

여러분의 글 쓴 시간을 일기에 기록하라

사업이나 개인 용무로 사람을 만날 때처럼 자신과 약속을 하라. "오늘 20분 정도는 낼 수 있어."라고 생각하지 마라. 계획표를 꺼내 20분이든 한 시간이든, 여러분이 낼 수 있는 시간을 특정 시간에 잡아 두라. 필요하면 알람을 맞춰 놓아라. 여러분이 부모라면 분명히 아이들의 일정을 정해 놓을 것이다. 여러분은 직장에서도 특정 시간에 약속을 잡을 것이다. 사람과의 만남이나 심지어 체육관에 가는 시간도 정해 놓을 것이다. 그런데 왜 글 쓰는 시간은 중요하게 여기지 않는가?

공책이든 키보드 앞이든 거기에 머물러라. 쓸 단어의 숫자 목표를 세우거나 마감 시간을 정해 놓으면 도움이 된다. 여러분이 정해 놓은 시간에 무언가를 얻기 전까지는 일어나지 마라. 그것이 이야기 구조이든, 하나의 아이디어든, 조사 보고서든, 초고이든 무언가를 적어보라. 무언가를 종이 위에 적는 습관이 들 때까지는 힘들 것이다.

여러분의 생각을 쓰기 위해서는 일단 시작하고 단어들을 적어야 한다. 다음에 무슨 일이 생기나? 무엇을 쓰고 싶나? 먼저 적어 보고 나중에 편집하라.

"사람들이 원한다고 말하는 것과 그것을 얻기 위해서
행동을 하는 것은 별개다."

-휴 맥레오드(Hugh MacLeod)

1.13. "글을 쓰는 일은 재미없어. 힘들어"

"나는 글 쓰는 일을 싫어한다. 나는 글쓰기를 마치는 걸 좋아한다."

–도로시 파커(Dorothy Parker)

전통적으로 작가의 삶은 신화로 포장되어 있어 그 안에 있는 고된 작업은 출판업계나 작가 자신에 의해 조심스럽게 가려져 있다. 사람들은 많은 신참 작가들이 앉아서 자판만 두드리면 예술의 신 뮤즈가 나타나 축복을 베풀어서 완벽한 문장으로 구성된 책이 물이 흐르듯 완성된다고 생각한다. 그래서 문학상을 받거나 잘 팔리는 책이 만들어지고 그 작가는 유명 인사가 된다고 생각한다.

그러나 나는 이것이 절대로 사실인 적이 없다고 생각한다.

아이디어를 엮고 구성을 짜고 개요를 만드는 일은 어렵다. 초고를 쓰는 일도 그렇고 편집하는 일은 여러분의 원고를 다른 사람들이 읽어 보고 싶은 것으로 바꿔야 하는 일이기 때문에 가장 괴로울 수 있다. 이 과정을 마치기까지 여러분은 그 책에 질릴 수 있고 그래서 다시는 그 책을 읽지 않게 될 수도 있다.

이것은 2010년에 쓴 내 일기의 요약이다.

책을 쓰는 일은 너무 힘들다. 마치 폭풍우 가운데 허리까지 빠지는 진흙 땅을 지나가는 것 같다. 한 걸음 한 걸음에 힘을 써야 한다. 진흙의 무게가 나를 앞으로 못 가게 막고 나를 삼키려 한다. 그러다가 마른 땅에 닿았고 해가 나왔다. 나는 내가 쓴 글에 놀랐다. 사실 그 글은 만족스러웠다. 그런데 다시 진흙이 묻었고 수렁에 빠졌다. 이 상황이 나아질까?

다음은 내 동료 작가로부터 받은 이메일이다.

사실 내가 만난 모든 사람들이 자신이 작가가 될 수 있다고 생각한다. 작가에 대한 일반 사람들의 인상은 우스꽝스러운 모자를 쓰고 위스키를 마시며 빈둥빈둥대다가 상을 받을 만한 훌륭한 글을 하룻밤만에 완성하는 사람이다. 이 신화는 계획하고 개요를 잡고 구성을 짜고 편집하고 다시 쓰고 편집을 다시 하는—끝도 없는 일에 대해 전혀 말하고 있지 않다. 때로 나는 이런 사람들을 내 눈을 비비고 다시 본다. 그러나 대부분의 경우 그들의 생각을 바꾸고자 하는 일은 힘 빠지게 하는 일이다. 그들은 정말로 진지하게 내 일이 아주 쉽다고 생각한다! 나는 창의적인 작업 중에 글쓰기처럼 사람들이 그들도 몇 시간의 여유 시간만 있으면 할 수 있다고 확신하는 다른 일을 생각할 수 없다.

여러 번의 수상 경력이 있는 무라카미 하루키(Murakami Haruki)

의 글을 인용한다. "내게 소설을 쓰는 일은 경사진 산을 오르고 절벽을 기어오르는 길고 힘든 시련을 거쳐 정상에 이르는 것과 같다."

그리고 어네스트 헤밍웨이(Earnest Hemingway)의 말이다. "글쓰기에는 특별한 것이 없다. 오직 해야 할 일은 타자기 앞에 앉아 피를 흘리는 것이다."

그리고 마지막으로 고전 명작인 〈1984〉와 〈동물농장(Animal Farm)〉의 저자 조지 오웰(George Orwell)의 말이다. "책을 쓰는 일은 병으로 한동안 앓는 것처럼, 하기 싫고 힘이 빠지는 투쟁이다. 사람들은 저항할 수도 없고 이해할 수도 없는 악마에게 쫓겨보지 않는 한, 결코 이것을 하려고 하지 않을 것이다."

분명히 책을 쓰는 일은 많은 위대한 작가들에게도 쉽지 않았다. 그런데 어떻게 여러분에게 쉬울 수 있겠나?

해독제:

왜 글을 쓰고 싶은지 동기를 분명히 하라. 그러면 이것이 다가올 어려운 일들을 여러분이 극복할 수 있게 도와줄 것이다

나는 조사하는 과정과 아이디어를 짜맞추는 일, 열심히 무언가를 찾아보는 것, 세상에 새 책을 내놓고 느끼는 만족감을 좋아한다. 때때로 내가 쓴 그 말들이 어디에서 왔는지 궁금할 때도 있지만, 이 신비는 우리 삶을 흥분시키는 숨어 있는 비밀 같다. 나는 내가 쓴 논픽션을 통해 사람들이 영감을 받도록 도와주는 것이 좋다. 나는 사라지지 않는 것을 원하기 때문에 글을 쓰는데, 글을 쓰지 않으면 지나간 세월에 대해 보여줄 게 없기 때문이다. 나는 내가 창조한 것으로 내 삶을 평가하며, 과거에 하던 컨설팅 일에 더 이상 얽매이지 않는 사실에 매일 감사하고 있다. 또 오랫동안 글을 써왔지만, 여전히 글을 쓰고자 하는 갈증이 있다. 글을 쓰지 않으면 예민해진다. 글쓰기는 내게 치료제이자 탐닉 대상이며, 또 진리, 내 직업, 내 사고 방식, 세상을 살아가는 유일한 길이다.

이런 이유들이 어려운 과정을 지나오게 했다. 여러분은 왜 글을 쓰는가? 무엇이 어려운 시기를 극복하게 할까?

꼭 어려울 필요는 없다. 할 수 있다면 즐겨라!

글쓰기는 실제 그렇게 어렵지 않아도 된다는, 진정으로 근본적인 생각이 있다. 글쓰기는 재미있고 즐길 수 있는 것이다! 수백 권의 책을 썼던 노련한 작가 딘 웨슬리 스미스(Dean Wesley Smith)는 이렇게 말한다. "두 살 아이가 놀게 할 필요가 있다."

내 안에 있던 두 살 먹은 창조자는 시험과 혹독한 구술 시험, 학교와 대학에서 좋은 학생이 되라는 압력, 다음에는 적당한 직업을 찾느라 수년간 가둬져 있었다. 내 남편은, 내가 진지한 사람이며 기독교 직업 윤리에 비추어 노는 것을 저주처럼 여긴다고 말한다. 나는 이런 것들을 잊으려고 애써왔다.

나는 내 안의 창조적인 아이가 색과 스티커, 예쁜 문방구를 좋아했기 때문에 글을 쓰기 전에 색칠하기를 시작했다. 심지어 아버지와 함께 어른들을 위한 색칠하는 책을 출판하기도 했다! 나는 검열하지 않고 우스운 것들을 생각해내 적으면서 가능한 자주 웃으려고 노력했다. 여러분도 글 쓰는 일에서 재미를 찾으려고 노력할 수 있지 않을까?

"여러분이 세상을 구할 필요는 없다. 여러분의 예술은 중요할 필요도 없다. 그 일이 여러분에게 재미있거나 치유가 되거나 매력이 있거나 하찮아도 좋다. 모든 것이 허용된다. 여러분이 창조하는 이유가 있다면 충분하다. 온마음으로 일을 즐기는 것이, 진정으로 무언가를 뒤집는, 여러분이 취할 수 있는 유일한 태도이다."

–엘리자베스 길버트, 『거대한 마술』

1.14. "나는 일을 시작하기는 하지만 끝내지는 못해"

"지옥으로 가는 길은 작업중인 물건들로 포장되어 있다."

–필립 로스(Philip Roth)

내가 런던 중심가에서 강연하기로 되어 있었는데, 판타지 소설을 쓰는 친구가 강연 시간 전에 잠깐 인사하러 왔다.

"쓰고 있는 글은 어때?" 내가 물었다.

미소를 지으며 그의 파란 눈이 반짝거렸다. "아주 좋아. 15개 작품을 하고 있고 하루에 4천 단어나 쓰고 있지. 아이디어가 정말 많아."

"와! 15개 작품이 있으니 수입도 대단하겠는 걸." 내가 대답했다.

그의 미소가 사라지며 눈빛도 어두워졌다.

"응. 하지만 아직 출판이 되지 않았고 편집이 안 된 것도 있고, 아직 끝내지 못한 것도 있어. 초고 상태의 15개의 원고는 있지.

나는 새 글을 쓰는 걸 좋아하지만 그 다음 절차에는 흥미가 없어서."

여러분도 서랍이나 노트북에 완성되지 않은 원고가 있는가?

여러분도 몇 쪽은 시작하지만 그리고 나서는 다른 새로운 글을 시작하는가?

여러분도 처음 시작할 때의 흥분이 사라지면 그 일에 흥미를 잃어버리는가?

해독제:

여러분이 성공적인 작가가 되고 싶으면 부족한 기술들을 개발해야 한다. 한 권의 책을 쓰는 데는 여러 단계가 있는데 각 단계에는 다른 종류의 힘이 작용한다.

시작하는 힘

일단 여러분이 자신의 창조적인 면에 주의를 기울이면 아이디어는 문제가 되지 않는다. 문제는 어느 아이디어를 발전시켜 책으로 만들지 결정하는 일이다. 결정하면 책의 앞 부분은 거침없이 쓸 수 있다. 처음 장면은 쉽게 나오고 책의 구조도 금방 결정이 된다. 만약 여러분이 이런 상태라면 여러분은 시작하는 힘이 있는 것이고 그것이 아마 2만 단어의 원고를 완성하게 할 것이다.(여러분이 소품, 축하의 말을 쓰고 있다면 거의 완성한 것이다!)

그러나 여러분이 시작부터 어려움을 겪는다면 생각해 볼 문제들이 있다.

- 첫 번째 장이나 첫 장면 또는 서론을 먼저 쓰려고 하지 마라. 이 부분은 나중에 써도 된다. 대신 중간부터 시작하거나 여러분이 특별히 관심이 가는 부분에서 시작하라. 일단 시작하고 나중에 채워 넣어라.
- 두려움 때문에 미루고 있는가?
- 여러분이 완벽주의자라서 쓰기 전에 완벽한 아이디어나 글을 쓸 완벽한 상황을 기다리고 있는가?
- 여러분이 분석하느라 머리가 마비된 것은 아닌가? 나도 글을 쓰지 않고 글쓰기에 대한 책을 읽거나 세미나에 참석하는 데 수 년을 투자했을 때 이런 상태를 경험했다. 단지 몇 개의 단어라도 그것을 글로 써라.

추진하는 힘

내가(그리고 많은 다른 작가들도) 경험하는, 그리고 '힘 빠지는 중간(saggy middle)'이라고 부르는 갈등 시기가 있다. 소설을 쓸 때

일반적으로 나는 처음 장면, 클라이맥스, 몇 개의 중요 장면에 대한 내용을 정리하고 나서 글을 쓰기 시작한다. 나는 약 25,000 단어 정도에서 막히고 주의력이 떨어진다. 그리고 갈등하기 시작한다. 이것은 공통적인 문제이고, 비소설을 쓸 때도 생긴다. 물론 미리 개요를 짜 놓은 작가는 이런 문제를 자주 겪지는 않는다. 그러나 대신에 그들은 개요로 잡은 것을 써야 하기에 같은 자료를 또 봐야 하는 지루함을 겪을 수 있다.

유일한 해결책은 쓸 단어의 목표 숫자를 세우고 계속 글을 쓰는 것이다. 이 책이 '글을 쓰는 방법'에 대한 책이 아니라서 여기서 자세한 이야기를 하지 않겠지만, 여러분은 www.TheCreativePenn.com/writing 에서 더 많은 내용을 볼 수 있다.

마무리하는 힘

무슨 일이든 마무리하는 데 여러분이 힘들어 한다면, 특히 방금 시작한 상태라면, 지금 쓰고 있는 책을 완성하기 전까지는 새 책을 시작하지 마라. 방법은 간단하다.

여기에 한 가지 경고를 덧붙이겠다. 여러분은 소설과 비소설 두 가지를 동시에 쓰고 있을 수 있는데, 내가 알기로는 그 두 장르가 각각 뇌의 다른 부분과 관련되기 때문이라고 한다. 그러나 내 경험으로는 동시에 두 소설을 쓰거나 두 비소설을 쓰는 일은 어렵다. 나는 두 개를 혼동했고 일은 엉망이 되었다. 분명히 한 권의 책을 쓰는 동안 나는 다른 책에 대해 생각하고 아이디어들을 Things앱에 기록했지만, 쓰고 있던 책을 완성하거나 편집자에게 넘겨주기 전까지는 일관된 글을 쓰지는 못했다.

"여러분은 시작한 것을 꼭 마쳐야 한다."

– 로버트 에이 하인라인(Robert A. Heinlein), 『하인라인의 규칙(Heinlein's Rules)』에서

1.15. 친구, 가족, 다른 작가들 대하기

"뭔가 근사한 글을 쓸 수 없니?"

"(유명한 작가 이름을 넣어라)처럼 써 보지 않을래? 그러면 성공할 텐데."

"내게 좋은 생각이 있으니 네가 그것을 쓰고 돈 벌면 나눠 갖자."

"이 장은 마음에 드는데 주인공이 영 아니네."

"이 글 전부를 다시 써야 할 것 같아."

"왜 힘들게 글을 쓰니? 그건 시간 낭비야."

이런 말 또는 이와 비슷한 말들을 가족이나 친구, 아는 작가로부터 들어 본 적이 있는가? 어떤 기분이 들었는가? 이런 말들이 좋은 반응인가?

글을 쓰기 시작할 때 여러분 안에 있는 창의적인 자아는 처음으로 지상에 나온 작은 잎이 달린 묘목에 불과하다. 이 묘목은 상처를 주거나 충격을 줘서 다시 일어서지 못하게 할 수 있는 거친 말이나 판단으로 땅바닥에 쓰러지기 쉽다. 여러분은 이것이 좀 더 클 수 있도록 잘 돌보고 보호하고 영양분을 주어야 한다. 그리고 나면 바람이 불고 비가 와도 구부러지기는 하지만 부러지지는 않는다. 이런 풍파를 이겨 나가면서 더 강해지겠지만 여전히 이것은 약한 점이 있다. 여러분의 삶을 돌보듯이 자신의 창의적인 자아를 돌봐야 한다.

우리 가족과 친구들은 우리를 사랑할지 모르나, 그들이 창의적이지 않으면 글을 쓰고자 하는 우리의 욕구를 이해하지 못할 수 있다. 작가의 삶에 대한 주위의 반응은 우리의 노력을 열성적으로 지지하는 것으로부터 무관심과 배려 없음, 부끄러워하거나 심지어 욕설을 하기까지 다양하다. 그런 반응을 개인적으로 받아들이지 마라. 그것은 충족되지 못한 그들 자신의 창조하고 싶은 욕구 때문일 수도 있고 아니면 글을 쓰는 일이 왜 여러분에게 중요한지 이해하지 못했기 때문일 수도 있다. 그런 일들은 힘들 수 있겠지만, 일반적으로 여러분의 가족이나 친구가 여러분 책의 잠재 고객은 아니다.

작가 그룹도 있다. 여러분이 이미 그런 그룹에 속해 있고, 그곳에 여러분을 지지하고 세심한, 그러면서도 좋은 반응을 해주는, 출판 경력이 있는 작가가 많다면 최고이다. 그러나 내 경험으로는 대부분의 작가 그룹은 득보다는 해가 더 많다. 나는 자기가 속한 그룹에서 공격받았다고 생각하는 사람들의 이메일을 자주 받는다. 이런 그룹에는 일반적으로 여러분이 쓰고자 하는 장르를 읽어 본 적도 없고 출판한 경험도 없는 사람들이 많다. 그들은 서로의 작품을 비판한다. 그리고 많은 사람들로부터 내용 없는 반응을 많이 당한 신참 작가는 자신의 글에서 길을 잃어버리기 쉽다.

해독제:

여러분의 가족이나 친구가 작가의 길에 최고의 지지자가 아닐 수도 있다는 사실을 알고 있어라. 그들은 여러분의 작품을 읽지 않을 수도 있고 만약 읽었더라도 좋아하지 않을 수 있다. 이 말을 받아들이기 힘들 수도 있지만 미리 마음의 준비를 하는 것이 최선이다.

글쓰기로 알게 된 친구들과 여러분이 속한 그룹을 살펴보라. 그들이 여러분의 연약한 묘목이 잘 자랄 수 있도록 도와주고 있는가? 아니면 여러분의 성장을 방해하고 있는가?

여러분의 작품에 대한 제대로 된 비평을 받고 그것을 개선하고 싶으면 그 장르의 전문 편집자에게 비용을 지불하고 받는 것이, 그리고 작가 그룹에는 작품에 대한 비평을 받기 위해서가 아니라 친구 관계나 격려를 위해서 참여하는 것이 더 나을 수 있다.

나는 컨설팅 회사를 다닐 때와는 거의 완전히 다른 친구들을 갖고 있다. 나는 변했고, 내 삶도 변했으며, 지금의 친구들은 한때 내가 어울렸던 친구들과는 공통점이 거의 없다. 여러분은 새로운 것이 들어올 빈 공간을 마련해 두어야 한다. 이 일이 힘들 수 있지만, 성장하고 싶다면 이 일을 해야 한다. 작가로서 새로운 사람들을 찾는 방법을 알려면 3장 6절을 보도록 하라.

"해를 끼치는 사람들에게 시간을 쓸 필요는 없다."

－티모시 페리스(Timothy Ferriss)

1.16. "내 목소리를 어떻게 찾지?"

"내 안에 잠잠히 있지 못하는 목소리가 있어 나는 글을 쓴다."

—실비아 플라스(Sylvia Plath)

여러분의 목소리를 찾는 일은 빨리 할 수 있는 일이 아니다! 내 경우에는 수 년간의 블로그 운영과 책 출판 후에야 찾을 수 있었다. 그리고 이 일은 시간의 흐름에 따라 계속 변해간다.

그나저나 여러분의 '목소리'는 무엇인가?

이것은 본질적으로 진정한 여러분을 전달하는 길이며 여러분과 공감할 수 있는 사람들이 있다는 점을 인식하고 당황하거나 스스로 검열하지 않고 여러분이 사랑하는 것을 받아들일 때 일어난다. 이것은 여러분이 다른 사람들이 좋아하는 것을 쓰기를 멈출 때, 또 여러분이 쓴 글에 대해서 사과하는 일을 하지 않을 때 나타난다.

여러분이 존경하는 다른 작가처럼 쓰는 일을 그만두고 여러분 자신 그대로를 나타내고자 할 때.

다른 사람들이 쓰는 것과 같은 것을 쓰는 일을 멈출 때.

여러분이 자신감을 갖고 좋아하는 것을 나눌 때.

여러분이, 여러분의 글로써 좋아하는 사람들의 관심을 끌 수도 있지만 다른 사람들의 흥미를 잃게 할 수도 있다는 사실을 받아들일 때.

이것이 앞을 가리는 보호막이 없는 참다운 여러분이다.

그리고 거기에 도달하기는 힘들다.

여러분은 이 책에서 내 목소리를 들을 수 있어야 하며, 내 팟캐스트를 들었다면 둘 사이에 어떤 차이점도 찾을 수 없어야 한다. 내가 쓰는 비소설도 나의 진정한 실제 삶의 목소리로 쓰였다. 내 소설을 여러 권 읽었다면, 아마도 드러나지 않았던 내 특유의 소설 목소리를 들었을 것이다. 물론 여러분과 다른 나의 진정한 목소리 말이다.

우리 모두는 이 세상과 공유하는 서로 다른 면을 갖고 있다. 나는 남편과 같이 집에 있을 때는 청중을 대상으로 강연할 때와 다르게 행동한다. 가까운 친구와 있을 때와 어머니와 있을 때의 나는 다르다. 회의장에서 작가 친구들과 술잔을 기울일 때와 글을 쓰기 위해 내 안으로 조용히 몰입했을 때의 나는 다르다. 그러나 내 안의 목소리와 나의 본질적인 자아는 그대로이다.

여러분이 공감하거나 하지 않는 것은 내 안에 있는 속마음이다.

여러분도 그것이 무엇인지 발견해야 한다.

여러분의 목소리를 찾는 것은 여러분 자신을 아는 것이며, 여러분이 있는 그대로의 작가가 되도록 허락하는 것이다. 다음은 그것을 찾는 데 도움이 되는 질문들이다.

- 무엇에 매혹되는가?
- 여러분 작품에 계속 반복하여 나타나는 주제가 무엇인가? 무엇이 여러분을 사로잡는가?
- 어떤 이미지, 색깔, 사진에 끌리는가?
- 무엇을 읽거나 보거나 듣기 원하는가? 여러분이 좋아하는 책이나 영화, 음악은 무엇인가? 그들의 공통점은 무엇인가?
- 무엇 때문에 화가 나거나 슬프거나 행복하거나 흥분하는가? 여러분의 감정을 자극하는 것은 무엇인가?
- 여러분은 무엇을 지지하는가? 무엇을 보호하려고 하나?

이 질문들에 진실하게, 판단하지 말고, 대답이 무엇이 되어야 하는지 생각하지 말고 대답하라.

작가는 글쓰기를 통해 자신의 목소리를 발견하는데, 나와 다른 작가들의 경우 여러 권의 책을 쓴 후에야 제대로 파악하게 되었다. 〈신성모독〉이라는 책을 쓴 것이 내게는 큰 전환점이 되었다. 나는 이 책으로써, 내가 악마와 초자연적인 것에 관심이 있고, 인생의 깊은 의미에 대해 숙고하고, 모든 이야기에서 죽음을 언급한다는 사실을 알았다. 순수한 스릴러를 쓰고자 하는데도 불구하고 내가 쓰는 모든 스릴러에는 초자연적인 이야기들이 들어 있었던 것이다. 그래서 지금은 내가 아주 좋아하는 소재를 활용하고 내가 진정으로 쓰고자 하는 것을 받아들인다.

앞 장에서 자아 검열과 두려움에 대해 언급했지만, 여기서는 여러분의 목소리를 찾는 데 도움이 되는 몇 가지 조언을 하겠다.

일기 쓰기 또는 자유로운 글쓰기를 이용하라

여러분이 쓰는 모든 글을 대중과 공유할 필요는 없다! 여러분 자신의 생각을 쓰는 일은 연습이 필요하며, 때로는 그 내용을 공유하지 않는 것이 최선이다! 자유롭게 쓰고 실험하라. 엉망인 시도 써보고 좋아하는 것에 대해 큰 소리로 외쳐보라. 여러분의 글을 받아들이고자 하는 마음을 갖고 다시 읽어보거나 아니면 그냥 서랍 안에 넣어두라. 이것에 대해서는 자유로운 글쓰기에 대한 오나 로스(Orna Ross)의 책을 참고하고 더 많은 정보는 www.OrnaRoss.com을 보라.

블로그나 와트패드(Wattpad)를 이용하라

블로그는 내 인생을 바꿔 놓았다. 2008년 이전의 내 글은 10년 이상 격식에 얽매이고 내 성격을 제한한, 자세히 써야 하는 회사 서류 같이 학구적이고 비즈니스와 관련된 글들이었다. 블로그를 운영하면서 내가 통제했던 글 쓰는 스타일이 풀리게 되었고, 내 성격도 글에 드러나기 시작했다. 지난 8년간 나는 TheCreative Penn.com에 1,000개 이상의 블로그를 썼다. 이것은 많은 분량이며, 이런 공개적인 글쓰기와 소셜미디어와 댓글을 통한 피드백이 내 안의 생각을 나누는 것에 대해 내가 갖고 있던 금기를 풀어주었다.

여러분이 블로그를 하지 않는다면, 창작 중에 있는 글을 올릴 수 있는 온라인 쓰기와 읽기의 플랫폼인 와트패드(Wattpad.com)를 이용할 수 있다. 그것은 운영 방식이 유연하며 소설 독자층이 많이 있다. 이것은 여러분의 글에 대한 독자층을 늘릴 수 있는 확실한 방법이 되지만, 제한이 없는 형식 때문에 여러분의 목소리에 적극적으로 다가가는 방안도 될 수 있다.

골자는 어찌되었든 여러분의 목소리는 글쓰기를 통해서 찾을 수 있다는 것이다. 물론 이것도 시간이 흐름에 따라 발전하고 변한다. 여러분 성품이 겹겹이 쌓여 있는 것처럼, 여러분의 목소리와 표현에 대해 새로운 것들을 발견하게 될 것이다.

"작가의 영혼의 모든 비밀, 그의 삶의 모든 경험,
그의 생각의 모든 특징이 그의 작품 곳곳에 쓰여져 있다."

-버지니아 울프(Virginia Woolf)

1.17. 비교 욕구 또는 "다른 사람이 나보다 나아"

"아마추어는 자신을 남들과 계속 비교하며, 자신의 운이 좋아지면 자만해지고 자신의 명성이 낮아지면 극단적으로 걱정한다. 아마추어는 제3자에게서 인정을 구한다."

– 스티븐 프레스필드(Steven Pressfield), 『프로가 되기(Turning Pro)』

아야.

나도 때때로 비교 욕구를 느낀다는 사실을 알기에 이 말이 아프다. 큰 금액의 계약 소식을 듣거나 독립 작가가 베스트셀러에 이름을 올리거나 영화 판권 계약을 했다는 말을 들었을 때 비교하는 마음을 갖지 않기는 어렵다.

여러분이 첫 번째 책을 다른 사람과 같이 공동 작업했거나 학교 과제로 했다 하더라도 여러분이 비교 대상으로 삼는 사람이 있을 것이고 여러분이 부족하다는 사실을 알게 될 수도 있다.

최근에 런던 책 박람회에 갔었다. 그 박람회에서는 대리인들이 전세계의 출판사들에 책을 팔기 위해서 사람들을 만나고 있었고, 매일 저작권 센터에서 부러움을 일으킬 만한 계약들이 성사되고 있다는 소식이 들리고 있었다. 거기에는 출판계에서 명성 있는 작가, 인기 있는 작가들의 사진이 게시판 크기로 걸려 있었다. 그 사진 아래를 걸으며 나는 내가 지구상에서 가장 작으며 능력 없는 작가로 느껴졌다. 세상의 모든 작가가 나보다 나은 것 같았다. 맞다. 나는 그들의 성공이 부러웠다.

이것은 자신을 남들과 비교하는 것의 나쁜 면 때문이다. 그것은 질투가 됐다가 독약으로 변할 수 있다. 이것은 반드시 해결되어야 하며, 그렇지 않으면 이것이 여러분의 마음을 갉아먹을 수 있다.

> "원통해 하는 것은 여러분이 독약을 마시며
> 여러분의 원수가 죽기를 바라는 것과 같다."
> 넬슨 만델라(Nelson Mandela)

해독제:

작가로서의 자신을 작년의 여러분하고만 비교할 수 있다는 사실을 깨닫는 것부터 시작하라. 모든 작가는 서로 다르며 언론에는 가장 좋은 소식만 나온다. 우리는 큰 반향을 일으킨 작가가 그 책을 쓰기 이전에 어떤 일이 있었는지 모른다. 그는 10년 동안 다른 사람의 이름으로 글을 써 왔을 수도 있고 그 책이 나오기 전에 5권의 책이 출판이 거절되었을 수도 있다.

그래서 나는 블로깅(blogging)을 좋아하는데, 이것을 통해서 지난 시간 동안 내가 어떻게 변해왔는지를 돌아볼 수 있다. 내 글 솜씨, 내 수입, 내 책 매출액, 내 플랫폼, 내 지식. 혹시 여러분이 일년에 한 번만 기록을 남긴다고 해도 시간에 따른 변화를 추적할 수 있고, 비교 욕구를 여러분의 발전을 측정하는 긍정적인 방법으로 바꿀 수 있기에 할 만한 가치가 있다.

여러분이 비교 욕구나 질투심에 사로잡혀 있다고 느끼면 그 감정을 알아보고 조심하라. 여러분의 감정을 안다면 여러분의 행동을 조절할 수 있다. 나는 몇 명의 작가가 다른 사람의 성공을 공격해서 자신의 명성을 망친 경우를 알고 있고 그런 행동들은 보기 싫었다. 한 작가는 제이 케이 롤링(J. K. Rowling)이 이미 큰 성공을 했으니 다른 작가들이 성공할 기회를 갖도록 글을 그만 써야 한다고 주장하기도 했다.

그러나 롤링은 무엇보다 먼저 작가이다. 그녀는 글을 쓸 것이고 로버트 골브레이스(Robert Galbraith: 그녀의 필명) 책을 좋아하는 팬으로서 나는 그녀가 계속 글을 쓰면 좋겠다.

다음으로 이것은 빈곤한 사고 방식이다. 이것은 세상에 정해진 양의 독자나 돈이 있다고 보고, 한 작가의 성공이 다른 사람의 장래의 성공을 뺏는다고 보는 생각이다.

그러나 이것은 사실이 아니다.

그러니 비교 욕구와 질투의 칼을 우리가 더 나은 작가가 되도록 돕는 무언가로 바꾸어보자.

누군가 여러분에게 이런 감정을 일으키는 사람이 있거든 그의 배경을 조사해 보라. 그들의 책을 읽어보라. 얼마나 오랫동안 글을 써왔는가? 그들이 현재 위치까지 오기 위해 어떤 일을 했는가? 어떻게 하면 그들을 흉내내고 그들의 예를 여러분의 글쓰기 솜씨와 경력을 향상시키는 데 이용할 수 있을까?

여러분이 배운 것을 블로그에 올릴 수도 있고 기록으로 남길 수도 있으며 여러분의 할 일 목록에 적어도 된다. 내가 부러워하거나 좋아하는 작가의 책을 읽으면, 나는 질투심을 갖는 대신에 항상 그것을 내 독자들에게 알린다. 다른 작가의 성공을 축하해 주라. 그러면 여러분은 더 행복한 작가가 될 수 있고, 장기적으로 여러분의 인맥이 넓어지는 것은 덤이다.

"다른 사람이 무슨 일을 하고 있는지 지켜보지 말고 여러분이 이룬 것을 보라. 옆길을 보지 말고 여러분이 가고 있는 목적지를 바라보라."

– 조셀린 글레이(Jocelyn Glei), 『여러분의 하루 하루를 관리하라(Manage your Day to Day)』

2장

출판 후의 마음 상태

2.1. 용두사미와 창조적인 불만족

[여러분이 아직 책을 출판한 적이 없다면 이 장은 읽지 마시오!]

"완성의 순간은 또 불가피하게 상실의 순간이다."
– 데이비드 베일즈(David Bayles)와 테드 올란드(Ted Orland),
『예술과 두려움(Art and Fear)』

어느 시기에 책은 완성이 되고 세상에 나온다. 여러분은 창작과 출판의 모든 문제들을 이겨내고 이제 책을 완성했다. 아이디어를 갖고 여러분은 최선을 다했다. 그런데 왜 용두사미가 된 느낌이 들까?

책 매출이 실망스럽기 때문일 수도 있다. 책을 알리기 위해 출판업자와, 아니면 독립 작가로서 여러분은 계획을 세우느라 수개월의 시간을 썼다. 블로그를 돌아다니며 등록도 하고, 소셜 미디어에서 친구도 만들었다. 사람들이 하라고 한 일들을 다 했다.

그런데 와! 여러분 책이 세상에 나왔고 첫날 200권이 팔렸다.

20,000권이 아니고 2,000권도 아닌

단지 200권만이.

그 다음 달에 몇 백 권이 더 팔렸지만, 그것이 세상의 주의를 끈 것도 아니고 여러분이 돈을 크게 번 것도 아니다.

여러분은 의기소침한다. 커피 가게나 페이스북에서 사람들이 책에 대해 물어볼 때 여러분은 당황스럽다.

여러분은 모든 것에 의문을 갖는다.

이것은 아무리 노력해도 더 말하거나 쓰거나 드러내야 할 무언가가 있을 때 갖게 되는 감정, 창조적인 불만족일 수 있다.

분명히 기뻐해야 할 것이 있지만 여러분은 무덤덤하다.

여러분은 오랫동안 이 목표를 향해 열심히 달려왔다. 그리고 이제 여기에 도착했지만, 여러분의 기대와는 다른 것을 경험하고 있다.

이것은 작가로서 놀라게 되는 일 중의 하나인데, 책이 나오는 날이 여러분의 꿈이 실현되는 마법과 같은 날이라는 출판 신화 때문이다.

그러나 현실은 거의 그렇지 않다.

실제 출판은 그 꿈에 미치지 못한다.

사실 내가 만난 작가들 중에서 가장 실망감이 큰 작가는 책이 처음 나온 작가들인데, 그들은 이제 일이 겨우 시작됐다는 것을 깨달았기 때문이다. 두 번째 책이 나올 때면 대부분의 작가는 보다 현실적이 되며, 계속 책을 출판하는 작가들은 다른 일을 하는 자신을 생각할 수 없다.

해독제:

인간의 타고난 본성 중의 하나는 비록 감사하려고 애를 써도 현재 상황에 대해 만족스럽게 생각하지 않는다는 것이다. 우리는 많은 것을 이룰수록 더 많은 것을 원한다. 이것이 우리로 하여금 항상 노력하고 창조하고 건설하게 만들기 때문에 발전에는 도움이 된다.

나는 이런 특별한 불만족이 창조 과정의 일부라는 것과 출판은 실제로 최고점이 될 수 없다는 사실을 이해하게 되었다. 진정한 기쁨은 창작 과정 그 자체에서 더 자주 느낄 수 있는데, 여러분에게 멋진 소재가 떠올랐을 때나 만족스럽게 한 장을 완성했을 때 그렇다. 나도 그럴 때 축하의 잔을 마시며 성취감과 자존감을 느낀다.

분명히 나는 완성된 책을 손에 잡고 "해냈구나" 하기를 좋아하지만, 책이 완성되면 다음 책을 쓰려고 준비한다. 쓴 책들의 숫자가 많아질수록 이런 생각이 더 분명해짐을 나는 알게 되었다.

사람들이 첫 번째 책이나 두 번째 책을 썼을 때는 어린 아이처럼 그 책에 대해 이야기하지만, 40권, 50권의 책을 쓴 다음에는 단지 일 하나를 끝내고 다시 새 일을 시작하는 것에 불과하다. 그렇다. 여러분의 성공을 축하해야 한다. 특히 첫 책은 큰 업적인데, 왜냐하면 대부분의 사람들은 한 권도 완성하지 못하기 때문이다. 그러나 여러분이 작가로서 글을 쓰고자 한다면, 새 책은 작가로서의 여정에 있어서 한 경유지이며, 중간 고리이고, 여러분의 작품 세계의 또 다른 얼굴일 뿐이다.

그리고 실망감은 필요한 경험인데, 우리를 다음 일로 나아갈 수 있게 하며 창작 과정에 중독되게 만들기 때문이다. 또한 우리는 그 과정 중에 항상 배우고 변할 것이기 때문이다.

완벽은 있을 수 없다. 그 이유는, 있다면 우리가 창조하는 일을 멈출 것이기 때문이다. 그래서 나는 이 삶을 사랑한다. 여러분의 생각과 호기심의 폭과 깊이를 결코 속속들이 규명할 수 없기 때문에 글쓰기는 죽을 때까지 할 수 있는 직업이다.

"나는 쓰고자 하는 충동이 있는 사람은 그렇게 하도록 여전히 격려한다.
자신의 책이 출판되기를 바라는 사람들에게는
출판이 그렇게 좋은 것만은 아니라고 경고한다.

그러나 글쓰기는 사람들이 말하는 것 이상으로 더 좋은 것이다.

글쓰기에는 줄 것도 많고 가르칠 것도 많고 놀라운 것도 많다.
여러분이 억지로라도 해야 할 일 — 실제 글 쓰는 행위 — 이 최고라는 것이 드러날 것이다. 이것은 마치 커피를 위해서 다도가 필요하다고 생각하지만 여러분에게 정말로 필요한 것은 다도라는 사실을 발견하는 것과 같다. 글을 쓰는 행위는 그것 자체로 보상이 된다."

—앤 라모트(Anne Lamott)

2.2. 여러분의 성공에 대한 정의는?

"글쓰기는 돈을 버는 것도, 유명해지는 것도, 이성 교제도,
누군가와 성관계를 갖는 것도, 친구를 사귀는 것도 아니다.
이것은 당신의 글을 읽을 사람들의 삶을 풍성하게 하는 것이며
또 여러분의 삶도 풍성하게 하는 것이다."
–스티븐 킹

앞장에서 설명한 실망감은, 여러분이 성공을 어떻게 정의하는지 분명하지 않기 때문에 생긴다. 많은 사람들에게 책을 출판하는 일은 돈과 명성을 가져다 줄 수 있을 것 같은 막연한 목표로 여겨지지만, 그것이 충분히 명확하게 구체화되어 있지는 않다. 그래서 여러분이 작가의 길에서 어떤 곳에 있든지 성공의 의미를 정확히 하는 것이 도움이 된다.

여러분은 왜 글을 쓰는가?

왜 여러분의 책이 출판되어 다른 사람들이 읽을 수 있게 세상에 나오기를 바라는가?

처음 나오는 대답을 넘어 여러분이 생각하는 더 깊은 이유를 찾아보라. 왜냐하면 작가들은 같은 성격의 사람들이 아니며, 모

두 서로 다른 이유로 서로 다른 것들을 추구하고 있고, 그것도 시간이 흘러가며 변하기 때문이다. 이런 것들을 명확히 하면 여러분의 경력을 관리할 수 있고, 성공을 축하할 수 있으며, 여러분이 얼마나 많이 발전했는지 이해할 수 있다.

성공의 의미는 세 가지 질문으로 귀착된다.

- 여러분은 성공을 무엇이라고 정의하는가 — 특정 책과 여러분의 작가 경력에 대해서?
- 그 성공을 어떻게 찾고 평가할 것인가?
- 그 성공으로 무엇을 하고 싶은가? 여러분이 하는 창작 활동에 어떤 의미를 갖는가?

성공에 대한 정의는 작가 경력이 진전되는 것에 의지하기 때문에 여러분의 대답도 시간이 흘러감에 따라 변할 수 있다. 여기에 성공을 평가하기 위해, 가능하면서도 가장 공통적인 선택들이 있다. 이들 모두는 근거가 있으며 가능한 대답들이다. 중요한 것은 여러분이 어떤 것을 지향하는가이다.

(1) 책을 한 권 쓰는 것이 내 일생의 목적이다. 나는 자랑스러워할 무언가를 창조하고 싶고 내 책을 갖고 싶다

아마 이것이 우리 모두의 출발점일 수 있다 — 과제를 끝내고 무언가 손에 잡히는 것을 만들고 싶은 욕망. 또 이것이 대부분의 초보 작가들이 책꽂이에 놓거나 사람들에게 보여줄, 인쇄된 책을 원하는 이유이다. 여기서 성공의 초점은 창조 작업에 있는데, 이는 정말로 훌륭한 글 쓰는 이유이다! 예를 들면 나는 9살 먹은 조카가 첫 번째 책을 출판할 수 있도록 도왔는데, 나중에 그가 이 경험을 바탕으로 공개 연설을 해서 전국 대회의 상을 받게 되었다. 또 나는 내 아버지가 역사 스릴러, 나다(Nada)를 쓸 수 있게 도왔다. 두 경우 모두 상업적인 성공은 없었지만, 성공은 친구나 가족을 위해 몇 권의 책만을 스스로 출판하더라도 이룰 수 있다.

만약 이것이 여러분의 목표라면 여러 가지 정보와 인쇄 방안을 알기 위해 www.TheCreativePenn.com/publishing을 방문해 보도록 하라. 스스로 이런 일들을 하기 싫으면, 수요가 늘고 있는 이 분야에서 사기 당하는 경우를 피하기 위해 '독립작가연합(the Alliance of Independent Authors)'에서 만든 『자가출판사 선택하기(Choosing a Self-Publishing Service)』라는 책을 읽기를 추천한다.

(2) 대리인을 구해서 출판 거래를 하고 싶다

이 목표를 달성했는지에 따라 성공 여부를 가리는 일은 쉽다. 그러나 모든 대리인과 출판사는 각자 나름대로 성공을 정의하고 있는데, 어떤 곳은 많이 팔릴 유명인의 회고록을 좋아하고, 다른 곳은 시가 좋아 상업성은 고려하지 않고 시집을 발간하기도 한다. 대리인/출판사의 목표가 여러분이 추구하는 것과 어울리는지 확인하라. 누구와 상대할지를 현명하게 선택하라. 그리고 나서 성공의 어떤 다른 면이 여러분에게 중요한지 살펴보라. 왜냐하면 출판은 단지 긴 여정의 한 걸음일 뿐이다.

(3) 서점 책꽂이에서 내 책을 보고 싶다

우리는 일생 동안 서점에 간다. 또 많은 사람들에게 서점은 모험과 위안의 장소이다. 이전 직업에서 가장 힘들었을 때, 나는 점심 시간에 서점에 가서 잠시나마 내 일상에서 탈출하기 위해 책 구매에 빠지기도 했다. 그 곳에 내 이름이 적힌 책이 놓여 있는 것을 보는 경우는 분명히 모든 작가의 꿈이다.

여러분이 종이 인쇄(요즈음은 디지털만으로 하는 경우도 많다)를 포함하여 전통적인 출판 거래를 했다면 물리적인 서점에 들어간 셈이 된다. 그러나 서점들은 일정한 숫자의 책을 제한된 시간 동안만 전시한다. 그러니 장기적으로 팔리는 책이 아니면, 다른 책들이 진열될 수 있도록 한 달 정도 지나면 출판사로 회수된다.

여러분이 독립 출판까지 한다면, 가능할 수는 있지만 실제 서점까지 들어가기는 어렵다. 큰 폭의 할인과 반환 처리 때문에 할 수 있을지는 모르나 비용이 많이 든다. 이 목표는 잉그램

스팍(Ingram Spark)을 이용하면 확실히 달성할 수 있고, 지역 서점들과 관계를 만들어 여러분의 책을 구매하도록 하는 방법도 있다.

(4) 나는 내 글로써 독자들에게 다가가고 싶다

독자에게 집중하는 것은 좋다. 그러나 나는 이렇게 성공을 정의하는 것에 이의를 제기하는데, 그 이유가 너무 애매하기 때문이다. 여러분이 독자들에게 다가가고 싶으면 세상의 모든 플랫폼에 무료로 여러분의 책을 놔두면 된다. 그러나 일반적으로 대부분의 사람들은 이런 종류의 '다가가기'를 하려고는 하지 않는다.

그러니 이 정의를 더 구체화하자. 어떻게 측정할 수 있을까? 예를 들면 아마존에서 5개의 별을 받으면 되나? 아니면 모르는 독자로부터 칭찬의 이메일을 받으면 이룬 것일까? 아니면 정말로 책 매출액으로 성공 여부를 판단하고 싶은 것 아닌가?

(5) 나는 10,000권의 책을 팔고 싶어

이것이 (4)보다 더 낫다. 왜냐하면 측정이 가능해 언제 목표를 달성했는지 알 수 있기 때문이다. 숫자는 분명히 많은 변수에 의존한다. 여러분이 보통 쓰고 있는 장르가 있는데, 예를 들면 아동용 그림책은 로맨스 소설보다 훨씬 적게 팔리고, 대화체의 비소설 회고록은 스릴러보다 적게 팔린다. 또 책을 많이 쓰면 더 큰 매출을 달성하기 쉬운 것처럼 여러분이 얼마나 많은 책을 썼는지도 변수의 하나이다.

얼마나 많은 양을 목표로 할지도 시간이 흐름에 따라 변한다. 내가 한 권의 책만이 있을 때는 1,000권을 목표로 시작했다. 그리고 나서 10,000권으로 늘렸고, 지금은 400,000권 이상의 책을 팔고 있다. 따라서 현재는 백만 권의 책을 파는 것을 목표로 하고 있다. 시간 일정을 포함하면 더 구체적인 목표를 세울 수 있는데, 출판한 후 6개월 안에 1,000권을 팔고자 하는 것이 한 예가 될 수 있다.

(6) 나는 비평가의 호평을 받고 싶고 문학상을 타고 싶다

여러분이 전통적인 출판 경로를 밟아간다면 문학상을 받을 가능성이 많다. 상을 받을 만한 책들을 만들어 내는 것이 대부분 예술학 석사(Master of Fine Arts)나 창조적인 글쓰기 과정의 목표이다. 비평가의 호평에 대해서는 전통적인 출판이나 문학저널의 후기를 거치면 가능성이 높아진다.

그러나 독립 작가로서도 이 목표를 이룰 수 있다. 세르지오 드 라 파바(Sergio de la Pava)가 쓴 『드러난 특이(A Naked

Singularity)』는 자가 출판(self-publishing)으로 시작했는데, 펜/로버트 W. 빙햄(PEN/Robert W. Bingham) 상을 받았고, 폴리오(Folio) 상의 후보에도 올랐다. 독립작가연합에서는 독립작가들에게 '문호를 활짝 여는 운동(Open Up to Indies)'을 전개하고 있는데, 자가 출판되고 있는 책들에게 더 많은 상과 축제가 주어지기를 희망하고 있다.

이것을 목표로 하는 경우 다음과 같은 조사 결과를 염두에 두어야 한다. 즉 문학상을 받으면 오히려 인기가 떨어지고, 대부분의 문학 소설이 5,000권 이하로 팔리고 있다는 것이다. 그러니 이런 성공의 정의는 금전적인 목표나 의미 있는 책 판매와는 양립하기 어렵다.

(7) 나는 글쓰기로 생활비를 벌고 싶다

아이가 있는 가정에서 필요한 소득 수준이, 부부 또는 혼자인 작가의 소득 수준과 다르듯이 '생활비'의 정의도 국가나 지역에 따라서 다를 수 있기에 여러분이 목표로 하는 실제 숫자를 명확히 해야 한다. 여러분의 재정적인 필요뿐만 아니라 앞으로 몇 년간 얼마나 많은 책을 쓸지를 고려하여 향후 목표 금액이 어떻게 증가해야 할지도 생각하라.

그리고 나서 작가수입닷컴(AuthorEarnings.com)에서 여러분이 쓰고자 하는 장르가 여러분이 목표로 하는 금액의 수입을 올리고 있는지 알아보라. 이 문제에 대해 내가 쓴 책『글쓰기로 생활하는 방법(How to Make a Living with your Writing)』에서 더 자세히 다루었다.

2009년에는 이것이 내 목표였는데, 나 스스로가 살고 싶은 삶을 살 뿐만 아니라 재정적으로 자립한 한 여자가 되고 싶은 내 자존감 때문이었다. 열심히 노력한 결과 2011년 9월에 기업 컨설턴트라는 직업을 그만두고 전업 작가가 되었으며, 그 이후 다시 직업을 갖는 일은 없었으니 여러분도 가능하다!

물론 소득 목표가 모든 사람에게 필요한 것은 아니며, 많은 사람들에게는 창작 그것만으로도 보상이 된다. 전업 작가의 삶이 모든 사람에게 해당되지는 않는다.

(8) 내 인생에서 자랑할 만한 작품집을 만들고 싶다

이것이 여러분이 계속해서 여러분의 창작물에 대해 정직하도록 만드는 성공의 정의이다. 여러분은 서둘러 책을 출판하지는 않을 것이다. 전문적인 편집이나 멋진 표지 없이 책을 내놓지는 않을 것이다. 지금 쓰고 있는 이 책이 가장 최고의 것이 되도록 애쓸 것이다.

결국 내 남은 시간 동안, 바라기는 최소한 50년 동안 글을 쓰고 싶다. 그래서 긴 안목으로 생각한다. 그러나 창작의 여정이 핵심이고 막판은 없다. 나는 돈을 많이 벌고도 싶지만, 그 이상으로 내가 더 이상 할 수 없을 날까지 계속 창작하고 싶다.

"여러분은 자신의 노동에 대한 권리가 있다.
그러나 그 열매에 대해서는 아니다."
– 크리쉬나(Krishna), 스티븐 프레스필드의 『프로가 되기』에서 인용

2.3. 다른 사람에게 여러분이 작가라고 말할 때 무슨 일이 생기나?

나는 와인잔을 들고 술기운이 나의 내성적인 성향을 완화시켜 주기를 기다리면서 파티장 구석에 서 있었다. 친구의 친구 한 명이 다가왔다.

"작가 분이라고 들었는데요?" 그녀가 말했다. "어떤 걸 쓰세요?"

"스릴러요." 내가 대답했다. "그리고 비소설도요."

"오, 유명하세요? 내가 이름을 들어봤었나?"

"음, 솔직히 말하면 그렇지 않을 겁니다. 모든 사람들이 알 만한 유명한 사람은 몇 명 안 되죠, 제이 케이 롤링이나 스티븐 킹 같은 작가요."

"오, 맞네요." 그녀는 자신의 피노 그리지오 와인을 한 모금 마셨다. "서점에서 당신의 책을 볼 수 있나요?"

"네, 아마존(Amazon), 아이북스(iBooks), 코보(Kobo) 같은 세상

의 큰 온라인 서점에서요."

그녀는 눈살을 찡그리며, "나는 이 근처 서점을 말했는데."

"글쎄요, 거기는 없습니다. 가볼 수 있는 서점들은 공간에 제한이 있어서요."

"그러면 당신 책의 출판사는 어딘가요?"

"요새는 작가가 직접 출판도 합니다. 저는 음반을 낸 적 없는 독립 음악가나 인디 영화제작자처럼 독립 작가입니다."

"그렇군요…" 그녀는 분명히 혼란스러워 보였다. "사실, 저는 언제나 소설을 쓰고 싶었어요." 그녀는 말했다. "언젠가 내가 시간이 있다면." 그녀가 가까이 다가와 음흉하게 속삭였다. "그런데 내게 정말 좋은 아이디어가 있어요. 그걸 말하면 당신이 글로 쓰고 그렇게 번 돈을 서로 나눌까요?"

대부분의 작가들은 이런 경우를 처리하는 방법을 갖고 있다. 여러 가지 이유로 사람들은 책을 쓰는 일이 쉽다고 생각하고 실행이라는 어려운 일보다는 아이디어가 가장 중요하다고 여긴다. 책을 읽는 사람들도 모든 작가가 부자이며, 유명하고, 모든 서점에서 책을 구할 수 있고, 모든 작가는 유명 작가가 된 적이 있었다고 생각하는 듯하다.

여러분이 무슨 대답을 하든 이런 상황은, 사람들에게 부자이며 유명한 작가들과 여러분을 비교하게 만들기 때문에, 여러분 자신을 성과미달자라고 생각하게 할 수 있다. 그러면 왜 자신은 다른 사람들의 기대에 맞게 살지 못했나 하고 근심하며 화를 내고 후회하는 상태에 빠질 수 있다.

해독제:

그런 말들을 개인적으로 받아들이지 마라. 놀랍게도 우리 모두 이와 똑같은 대화를 한 적이 있기에 이런 대화가 시작되면 여러분이 전문 작가 클럽에 속했다는 것을 알게 된다. 그 사람은 아마 말로는 책을 쓰고 싶다고 하지만 결코 실행에 옮기지 못하는 수많은 사람들 중의 한 명일 것이다. 여러분은 이미 그들이 할 수 있는 것보다 더 많은 것을 이루었으니, 다 알고 있다는 듯이 미소를 지으며 여러분의 와인을 한 모금 마셔라. 아니면 벌컥 들이킬 수도….

2.4. "나는 압도되었어"

"예술에는 단지 만드는 것 이상의 많은 것들이 있다."

—데이비드 베일즈와 테드 올란드, 『예술과 두려움』

상황에 압도되는 경우는 작가들에게만 국한되지 않으며, 가장 일반적으로 일어나는 문제 중 하나이다. 요즈음 작가들은 다음과 같은 일을 해야 한다.

- 글 쓰는 방법을 배우고 계속해서 배워서 개선해가야 한다.
- 멋진 책을, 경우에 따라 1년에 여러 권을 써야 한다.
- 편집해야 한다.
- 스스로 출판한다면 표지 디자인도 해야 한다.
- 블로그, 팟캐스트, 비디오, 소셜 미디어 또는 이 모든 것을 사용해 소통의 장을 만들어야 한다.
- 독자 이메일 주소록을 만들어 정기적으로 연락해야 한다.
- 업무적인 관계뿐만 아니라 다른 작가나 서비스 제공자들과 교류해야 한다.
- 모든 수단을 사용해 책을 판촉해야 한다.
- 현장 행사에 참여하고 경우에 따라 연설도 해야 한다.
- 성공했다면 사업도 관리해야 한다.
- 다음 책도 서둘러 준비해야 한다.

• 그리고 일상 생활에서 해야 할 모든 일들….

많은 작가들이 "글을 쓰고 싶은데, 다른 일들은 하기 싫어. 누군가 대신해 주었으면 좋겠는데…."라고 말한다. 그러나 어떤 직업에서건, 또 일반적으로 인생에서도, 좋아하지 않지만 실제적인 이유로 해야만 하는 일들이 있다. 일상적인 일들은 결코 사라지지 않는다!

해독제:

정말로 중요한 것이 무엇인지 결정하고 나서 다른 것에는 '아니오'라고 말하라

여러분이 해야 한다고 생각하는 모든 것들을 적어보면 할 일이 너무 많아 어찌할 바를 모를 것이다. 그러면 2장 2절에서 다루었던 여러분의 성공에 대한 정의를 다시 생각해보라. 여러분의 목록에서 여러분이 정말 원하는 것을 이루는 데 도움이 되지 않는 일들을 무시하라.

나도 너무 많은 일을 하고 싶어하기에 이 문제로 갈등한다는 것을 인정해야겠다. 보통 블로그를 하거나 '책 판촉'을 위해 소셜 미디어에서 노는 일은 글쓰기보다는 쉽다. 그러나 생각을 해보면 가장 중요한 일은 언제나 글쓰기이다. 이것이 없으면 다른 일들도 의미가 없어진다. 집중하는 것에 대해 유용한 책이 게리 켈러(Gary Keller)의 『한 가지 일(The One Thing)』이라는 책이다.

무언가를 놓칠 것이라는 두려움을 이겨내라

우리 삶에 생기는 많은 혼란은 아무것도 놓치지 않으려는 마음에서 생긴다. 우리는 최신 댓글을 보기 위해 소셜 미디어와 블로그를 확인하고 무언가 궁금하면 이메일을 너무 자주 열어본다. 또 이번에는 모든 것을 해결해줄 만한 묘안을 찾아 온라인 강의 세미나에 등록한다. 그러나 시간이 지나면 해야 할 일 목록과 당혹감만 늘어나고 정작 써야 할 글은 미뤄지게 된다.

그렇다. 여러분은 무언가를 항상 놓치게 된다. 이것을 극복하자. 인생은 여러분이 관여할 수 없는 곳에서 이루어지는 만큼 여러분의 노트와 생각 속에서도 이루어진다.

평상시 어떻게 우선 순위를 정하는지 살펴보라

삶은 항상 조정의 연속이며 작가라고 해서 예외가 아니다. 놀이기구 시소도 짧은 시간 동안만 평형을 이루고 그 다음에는 어느 한 쪽으로 기운다. 나는 여러분이 어떻게든 인생의 문제들을 해결해 나갈 것이기 때문에 생산성을 높이는 방법에 대한 수많은 조언을 나열하지 않겠다. 그러니 여러분도 작가의 삶을 균형 있게 살아가는 방법에 대해 배워야 한다.

"특별한 삶을 꿈꾸는 사람은 누구나 결국 그런 삶을 사는 데 특별한 방법을 찾는 것 외에는 다른 선택이 없다는 사실을 발견하게 된다."

–게리 켈러, 『한 가지 일』

2.5. 팬 다루기. 진정성과 한계 긋기

"궁극적으로 작가가 팔아야 할 것은 책에 쓴 주제가 아니라 작가 자신이다."

–윌리암 진서(William Zinsser)

최근에, 첫 번째로 쓴 책이 영국 아마존에서 1위를 한 작가 친구를 만나 커피를 마셨다. 물론 그녀는 자신의 성공에 기뻐하고 있었다. 그러나 한편으로는 그 다음에 일어난 일 때문에 놀라고 있었다.

"나는 책을 쓰며 조용하게 지내는 꿈을 갖고 있었어." 그녀는 말했다. "그런데 갑자기 독자로부터 엄청난 이메일과 인터뷰 요청을 받아 정신이 없어."

그런 성공을 갖는 것은 아주 기분 좋은 일이다. 그러나 작가로서의 여정에는 다양한 도전이 있는데, 일단 사람들이 여러분이 누군지 알게 되면 다른 것들에 대해서도 물어보기 시작한다. 이메일로 물어보기도 하고, 소셜 미디어로 연락이 올 수도 있다. 사람들은 결국 나의 대답을 요구한다. 여러분은 영원히 숨어 있을 수 없다. 처음에는 이것이 힘들지만, 이런 종류의 교제를 처리하는 방법을 알아야 한다.

이런 일이 생기면 축하한다! 사람들이 여러분의 책을 좋아하게 된 것이고, 이런 멋진 일은 모든 사람들에게 일어나지는 않는다. 물론 이런 일들이 비록 디지털 시대에는 정상적인 현상이지만, 많은 작가들이 이런 관심을 좋아하지는 않는 것 같다. 그러나 작가는 이제 다락방에 혼자 있을 수는 없다.

물론 작가들은 언제나 대중과 미디어를 상대해야 한다. 과거에는 편지에 답신했지만, 지금은 이메일로, 거실에서 팟캐스트로, 페이스북에서 채팅으로 대응할 수 있다.

해독제:

사람들이 여러분의 책을 사랑하면 그들은 여러분을 만나고 싶어하고 더 많은 글을 읽고 싶어하고 직접 아니면 웹사이트나 소셜 미디어를 통해 여러분의 이야기를 듣고 싶어할 것이다. 독자들은 저자와 연락하고 싶어한다. 그들은 여러분의 글에서 진정으로 인간적인 경험과 감정을 즐겼기 때문에 자연스럽게 이런 것을 더 갖고 싶어한다. 세상에 여러분의 글을 출판해 내놓기로 선택했다면 여러분은 기본적으로 사람들의 반응을 구한 것이고 그러니 그것에 적응해야 한다.

여러분 스스로는 믿지 않을 수 있지만 여러분은 재미있을 수 있다. 여러분은 작가이며 그 사실이 많은 사람들에게 특별하다.

여러분이 글을 쓰는 장소, 여러분 화단의 꽃, 여러분 고양이의 일탈 행동조차도 지구 반대편 사람들에게는 흥밋거리가 될 수 있다.

세상에 자신을 드러내는 일은 여러분을 상처받기 쉽게 만들지만, 진정성은 사람들을 연결시킨다. 다른 사람의 이름을 쓰더라도 여러분은 여러분인 것처럼, 필명으로 진정성을 가질 수 있다. 그러나 만약 여러분이 완전히 다른 사람으로 위장하더라도 결국 발각될 것이다. 유일한 방어책은 여러분 자신이 되는 것이며, 인터넷의 놀라운 점은 여러분이 관심 갖는 것이 무엇이건 여러분과 같은 사람들을 찾을 수 있다는 사실이다. 내가 내 자신을 가장 잘 드러낼 때 가장 많은 의견과 트위터와 열정적인 반응을 항상 받았다.

왜냐하면 진정한 삶은 반향을 일으키기 때문이다.

물론 여러분 자신을 지킬 필요는 있다. 진정성이 있다는 것이 여러분 삶의 모든 것을 다른 사람과 공유한다는 의미는 아니다. 이것은 여러분이 다가가고 싶은 사람들에게 여러분이 생각하기에 적당한 정도로만 스스로를 알리는 것을 뜻한다. 예를 들면 나는 체중 감량을 위해 최근에 내가 시도한 것들을 트위터에 올리지 않는다. 그것은 사람들이 나에게서 찾는 것이 아니기 때문이다. 또 출판이나 책 판촉에 대해서 내 웹사이트

JFPenn.com이나 페이스북에 올리지 않는다.

한 마디 경고. 이메일과 소셜 미디어, 누군가 나를 찾는다는 강박증에 중독되기 쉽다. 그러나 창조하기 위해서는 다른 사람들에게서 떨어져 있는 시간이 필요하다. 조세린 글레이(Jocelyn Glei)가 『당신의 하루 하루를 관리하라(Manage your Day to Day)』에서 썼듯이, "작은 일로 몇 명의 사람들을 실망시키는 것이 빈우편함 때문에 여러분의 꿈을 포기하는 것보다 낫다."

여러분이 넘지 않아야 할 한계를 정하라

비공개로 유지하는 것이 중요한 몇 가지 일들이 분명히 있다. 아마 여러분 가족 사진은 결코 공유하지 않을 것이다. 나도 보통 그렇게 하며, 남편과 성씨를 같이 하지 않았기 때문에 내 작가 소개에서 남편을 알리고 있지 않다. 내가 아는 다른 작가들은 아이들의 사생활을 지키면서 아이들에 관해 이야기하기 위해 암호 이름을 쓰고 있다. 여러분도 어디까지 사생활에 대해 알릴지를 결정하고 나서 자신을 보호하면서 진실하게 자신을 드러내는 것이 필요하다.

"다른 사람은 다 임자가 있기에 너는 너 자신이 되라."

–오스카 와일드(Oscar Wilde)

2.6. 싫어하는 사람은 싫어하기 마련이다

"작가의 길을 가고자 하는 사람에게 나는 재능을 개발하기 전에 먼저 남의 말에 상처입지 않을 준비를 하는 것이 현명하다고 충고한다."

－하퍼 리(Harper Lee)

전에 나는 아침에 이메일을 확인하곤 했다. 그러나 이것은 세상의 일이 여러분의 관심사가 되게 하여 여러분을 감정적으로 흥분시키거나 너무 오랫동안 여러분의 생각을 차지하기 때문에 나쁜 행동이다. 나도 온라인을 이용하는 다수의 사람처럼 우편물을 싫어하는데, 나를 괴롭혔던 특별한 이메일이 온 적이 있다.

그것은 지금도 여전히 나를 힘들게 하고 있다.

"당신은 열의도 없고 평범하다." 그 이메일은 이렇게 쓰여 있었고, 이어서 내가 생각하기에는 틀린, 장황한 설명이 있었다.

지금 여러분은 그 말이 그렇게 무례하지 않다고 생각할 수 있겠지만, 우리 모두는 약점이 있는데 이 말은 내 단점을 파고 들었다. 왜냐하면 나는 내 삶이 특별해지기를 목표로 하고 있기 때문이다. 그래서 이것이 이 장에서 이야기하고 싶은 한 예로 떠올랐다. 나를 평범하다고 하면 정말 힘들다!

물론 남의 화를 북돋는 사람도 있고 괴짜도 있고 비판자도 있으며 그 중에는 질투심 때문에 그런 작가들도 여러 명 있다. 그러나 대부분의 사람들은 (다행스럽게도) 살인 위협이나 심각하게 증오심을 드러내는 메일을 받지는 않는다. 대신 별 하나만 주는 후기나 이와 비슷한 이메일을 받는다.

내 온라인 플랫폼에서 지난 8년간 99.99999%의 의사 소통은 즐겁고 긍정적이었다. 그러나 사람들의 관심이 많은 주제에 대해 글을 쓰면 독자로부터 의견을 받을 것이고 좀 더 사람이 많은 곳에서 그렇게 하면 여러분은 여러분 몫의 혐오자를 갖게 되는데, 이 일은 유명한 사람들에게도 일어난다. 나는 샬레인 해리스(Charlaine Harris, 나중에 트루 블러드(True Blood)가 된 수키 스택하우스 시리즈(Sookie Stackhouse series)의 저자)가 스릴러페스트에서 범죄 소설가 캐린 슬로터(Karin Slaugter)와 대담하면서 팬들과 있을 때 주의해야 할 일들에 대해 길게 이야기하는 것을 들은 적이 있다. 그들은 한 예로 팬들이 주는 음식을 먹어서는 안 된다고 했다. 샬레인은 빨리 자리를 뜨고 싶을 때 그녀의 조수에게 하는 암호가 있으며, 사인회나 행사 때 누군가가 그녀 뒤에 있게 하지 않는다고 했다. 작가의 길을 걷다 보면 다양한 문제들이 있으므로 여러분이 무엇을 원할 것인지 주의해야 한다! 여러분은 팬들에게 다가가야 하지만, 여러분 자신을 보호할 필요도 여전히 있다.

여러분이 성공할수록 더 많은 사람들이 여러분을 공격할 것이다.

여러분이 해야 할 일은 반응하지 않는 것이다.

여러분이 공개적으로 반응하면 진실이 무엇이든 여러분은 잘못한 사람으로 보여질 수 있다. 또 회자되는 소문을 키우는 것으로 파장이 더 커진다. 여러분이 반응하지 않으면 그것은 더 빨리 사라질 것이다.

해독제:

이런 일이 언젠가는 일어난다는 사실을 이해하라. 여러분이 대중 앞에 나서는 일을 하는 한, 이런 일로부터 여러분을 완벽하게 보호할 수는 없다. 작가로서 성공을 원한다면 감수해야 할 부분이다. 사람들이 언젠가는 여러분을 공격할 것이니 준비하고 여러분의 전략을 갖고 있어라.

긍정적인 말보다 부정적인 말에, 별 4개나 5개보다 별 1개짜리 후기에 더 신경이 쓰이는 것이 인간의 본성이다. 그러나 작가로서 여러분은 팬의 편지도 받을 것이다. 사람들이 편지로 여러분의 책을 아주 좋아한다고 할 것이다. Goodreads나 아마존 등에 애정 어린 후기를 남길 것이다. 이런 글들을 읽고 무시하지 마라. 인쇄해서 서류철이나 일지에 붙여 놓아라. 그것들을 에버노트(Evernote)로 메일로 보내거나 팬메일이라 이름 붙인 폴더에 저장해 놓아라. 여러분이 스스로를 딱하다고 느끼거나 공격당하고 있다고 생각될 때 이것이 힘을 줄 것이다.

남을 화나게 만드는 사람이나 혐오자들과 얽히지 말라. 그들에게 구실을 만들어 주지 말라. 인터넷에서 나와 멀리 산책을 가라. 심호흡을 하고 나서 여러분 삶에서 무엇이 중요한지 생각해 보라.

여러분을 사랑하고 여러분과 시간을 보내고 싶어하는 사람들.

여러분의 건강.

여러분의 창의적인 작품들.

여러분의 온전한 정신.

이것이 힘들면 작가 생활을 위해 별도의 이메일을 만드는 것을 고려하고, 여러분의 이메일이나 소셜 미디어를 관리할 가상의 조수를 고용하라. 그에게 삭제, 차단, 보고와 같이 할 일에 대해 구체적인 지시를 내리고 이메일을 여과하도록 하라. 여러분 머릿속으로 비난의 메일이 들어오게 하지 마라. 싫어하는 사람은 어쨌든 싫어하게 되어 있으니 여러분은 단지 계속해서 글을 쓰라.

2.7. 야망, 명성과 부

"야망을 갖고 그것에 따라 행동하는 것은
우리 영혼의 특별한 소명을 받아들이는 것이다."
- 스티븐 프레스필드

첫 장에서 나는 뉴욕에서 열린 스릴러페스트에서 알엘 스타인, 클라이브 커슬러, 리 차일드(Lee Child), 산드라 브라운(Sandra Brown)과 같은, 글쓰기 경기의 최고 작가 7명으로 구성된 토론단을 언급했다. 그들이 말할 때 나는 "나도 저기에 있고 싶다. 나도 저렇게 성공하고 싶다. 나도 내 글을 저렇게 많은 사람들이 좋아해주었으면 — 그리고 저 정도의 돈과 명예를 가졌으면…." 하고 생각했다.

이것이 내 자아가 말하는 것이다.

이것은 내 야망이 말하는 것이다.

그리고 여기에는 잘못이 없다.

자아가 없는 작가는 아마 신문 기사를 쓰거나 대필작가로 작가 경력을 마칠지도 모른다. 그래서 여러분에게는 여러분이 쓴 글을 세상이 읽고 판단할 수 있도록 출판되어 유통되기를 원하는 건강한 자아가 필요하다.

그러나 야망은 많은 작가들에게 어려운 주제이며, 거의 아무도 인정하려고 하지 않는다.

그러나 나는 인정한다!

나는 야망이 있다. 나는 내 책들이 영화나 게임, 가상현실세계로 만들어지는 것을 보고 싶다. 나는 돈보다는(물론 이것도 좋지만) 수백만의 독자가 내 책을 읽고 있다는 사실 때문에 포브스(Forbes) 잡지의 부자 작가 목록에 오르고 싶다. 나는 중간 수준의 베스트셀러 작가가 되고 싶지 않다. 내 이름만으로도 책이 팔리는 작가가 되고 싶다. 내가 본보기로 삼는 작가는 스티븐 킹이며, 내 야망은 전세계 수십만, 수백만의 독자가 기억하는 책 중에 내 책이 최고였다고 말하는 것이다.

나는 스티븐 킹이 쓴 〈더 스탠드(The Stand)〉나 제임스 미셰너의 〈더 소스(The Source)〉처럼 기억에 남을 만한 책을 쓰고 싶은데, 이 두 책은 나의 생각하고 글을 쓰는 방식을 바꿔 놓았다. 나는 창조적으로 뛰어나고 싶고, 이런 야망이 나로 하여금 시장의 흐름이나 돈이 아닌 내가 좋아하는 책을 계속 쓰게 하고 있다! 비록 이 야망이 이루어지기에는 시간이 걸리겠지만 말이다.

또 다른 예로 나는 최근에 문학과 역사 소설 작가 리비 호커(Libbie Hawker)와 대담을 나누었다. 그녀의 야망은 자신의 작품으로 퓰리처상(Pulitzer Prize)을 받는 것이었다. 큰 목표를 거침없이 말하는 야망 있는 작가를 만나는 것은 기분 좋은 일이다.

여기에서 이 인터뷰를 들을 수 있다.

www.TheCreativePenn.com/libbie

나와 호커의 야망은 장기적이며, 빨리 달성되면 좋지만 둘 다 25년이나 30년 안에 달성할 것을 기대하고 있다. 그 동안 우리 둘은 계속해서 글쓰기 기술을 배우고 독자층을 늘려가면서 다음 페이지, 다음 장, 다음 책과 같은 단기 목표에 집중할 것이다.

잠시 동안은 크게 생각하라.

여러분의 글쓰기의 야망은 무엇인가?

그 야망을 얼마만큼 이루고 싶은가?

"여러분이 성공을 원하면 그 가격을 알아보고, 그리고 지불하라."

–스콧 애덤스(Scott Adams), 〈딜버트(Dilbert)〉의 창작자

그러면 어떻게 이 야망을 달성할까? 또는 그 방향으로 가는 수단을 찾아라.

더 많이 글을 쓰는 수밖에 없다. 이것이 방법이다. 새로운 이야기, 새로운 책, 새로운 아이디어, 새로운 세계.

블로그나 팟캐스트나 소셜 미디어에서 사람들과 어울리는 것은 방법이 아니다. 글쓰기를 통해서만 이룰 수 있다. 하루에 15분 글을 쓰면서 국제적인 베스트셀러 작가가 되기를 기대할 수는 없다. 야망이 있는 작가는 열심히 써야 한다. 여러분의 시간으로 다른 무엇을 하길 원하나?

> "우리는 우리의 잠재력이 얼마나 되는지 모르며,
> 우리의 한계가 어디에 있는지 예측하지 못한다."
> –스티븐 코틀러(Steven Kotler), 『슈퍼맨의 등장(The Rise of Superman)』

정상에 도달하면? 여러분이 모든 목표를 이루면?

『먹고 기도하고 사랑하라(Eat, Pray, Love)』라는 책이 엄청난 베스트셀러가 되고, 영화도 흥행에 성공하여, 노후를 걱정할 필요가 없을 정도로 금전적으로 크게 성공한 엘리자베스 길버트에게서 답을 듣자. 사람들은 나중에 그녀에게 자신의 경력의 최고점에 도달한 기분이 어떤지 물었는데, 그 말은 이제부터는 하락하는 일만 남았다는 의미를 갖고 있었다.

> "당신이 정상에 올랐다 하더라도 바로 다시 떨어질 것이다.
> 정상에는 오랫동안 머물 수 없다. 일 자체가 보상이다.
> 무언가를 만들었다는 조용한 영광."
> –엘리자베스 길버트, 『거대한 마술』

2.8. 포기하기

"처음에 성공하지 못하더라도 시도하라, 다시 시도하라.
그 다음에 그만두라. 이런 일로 바보가 되는 것은 중요하지 않다."
—W. C. 필즈(W. C. Fields)

시간이 지나면서 글쓰기가 우리 삶에 주는 의미가 변한다. 다음에 글쓰기가 나에게 어떤 의미를 가졌는지를 적어 보았다.

내가 15살이었을 때 일기는 삶의 문제들을 헤쳐 나가는 나만의 방법이었다. 빈 종이는 나의 안식처이며 친구이고 내가 세상을 이해하는 길이었다— 최소한 내가 생존하는 법이었다.

28살 때 이혼하고 나서 글쓰기는 나를 치유하는 길이었고, 내 분노와 고통을 씻어내 그 일을 잊고 다시 온전한 내가 되는 방법이었다. 그 일에 대한 모든 것을 종이에 남겨 놓았기 때문에 지금도 그때 쓴 글을 읽을 때면 그 글의 여자가 나인지도 알아보지 못한다.

32살에 첫 번째 비소설을 쓸 때, 글쓰기는 내 삶을 바꾸는 방법이자 또 바라기는 다른 사람의 삶도 바꾸는 방법이었다. 첫 번째 소설은 또 다른 변화였는데 이야기를 통해 나의 생각을 탐험하는 길이었다. 이 기간 동안 글쓰기는 내가 그것에 몰입할 시간을 갖고자 싸우는 대상이었고, 실제 생활에서 보면 죄책감을 느끼게 하는 것이었지만 그럼에도 기쁨을 주는 것이었다.

36살에 작가로 일하기 위해 직장을 그만두었고, 이제 글쓰기는 더 복잡한 어떤 것이 되었다. 왜냐하면 수입을 얻기 위해 글을 쓰면 '작가'라는 단어가 자아상과 다른 사람들이 여러분을 어떻게 보는가에 영향을 끼치게 되며, 그러면 글쓰기는 더 이상 단순한 여가나 도피처가 되지 않기 때문이다. 여전히 글쓰기는 여가나 도피처가 될 수도 있고, 사실 나는 아직도 일기를 정기적으로 쓰고 있지만, 이제는 글쓰기가 음식을 사고 대출금을 갚을 수 있는 수단이 된 것이다. 그러면 머릿속에 있는 것을 표현하고자 하는 마음 대신에 필요 때문에 글을 쓰게 될 수도 있다.

그러면 문제가 될 수 있다.

현재 나는 내 인생을 투자하고 싶은 다른 길이 없다. 왜냐하면 나는 작가의 삶 — 창작하는 일이나 사업을 운영하는 일 — 을 온전히 즐기고 있기 때문이다. 그러나 작가의 삶이 단지 또 다른 직업이 되었기에 책 쓰기를 포기하거나 생각하고 있는 작가들을 나는 많이 알고 있다.

어떤 작가들은 출판업자와 맺은 계약을 지키느라 애쓰다가 또는 자신에게는 전혀 영감이 떠오르지 않는 특정 종류의 책을 쓰라는 편집자의 요구를 만족시키려다가 지쳐버린다. 또 다른 작가들은 자신의 책을 마케팅하고 재정관리 같은 일들도 해야 하기 때문에 오로지 창작에만 몰두할 수 있는 시간을 갖기 힘든 작가의 생활에 염증을 느낀다. 그리고 더 많은 작가들이 직업으로 글을 계속해서 쓰기에는 쥐꼬리만한 소득이 만족스럽지 않기 때문에 중간 정도의 작가로서 고생하기보다는 아예 그만두는 것이 낫다고 생각하기도 한다.

해독제:

먼저, 책 쓰기를 그만두려고 한다고 해서 자책할 필요는 없다. 작가의 삶이 모든 사람에게 맞는 것은 아니며, 글쓰기가 하나의 직업이라면 많은 사람들이 사는 동안 여러 번 직업을 바꾼다는 사실을 생각하라. 그러니 다른 길을 모색하기로 결정하는 것은 불가피하다.

한 걸음 물러나 왜 이렇게 생각하는지 이유를 따져 보라

자신에게 정말로 솔직하게 이런 감정이 드는 이유를 찾아 보라. 먼저 여러분은 왜 책을 쓰고 싶었나? 언제 그런 열정과 아이디어를 잃어버렸나?

여러분은 확실하게 글쓰기를 포기했는가? 그렇지 않다면 여러분은 지쳤고, 상황에 압도되었으며, 다시 시작하기 위해 휴식이 필요할지도 모른다.

휴식을 취하라

소셜 미디어와 작가가 갖추어야 한다고 얘기되는 것들을 가능한 멀리해 보라. 해야 할 일들을 멈추고 잠시 동안이라도 일상적인 생활을 하라. 자책감이나 실패의 감정은 버려라. 그러면 휴식 후에 여러분에게 다시 새로운 단어들이 문득 떠오르는 일이 생길 수 있다.

또 자신을 너무 중요하게 생각하지 마라! 나는 아주 많은 작가들이 무언가 문학적이며 중요한 것을 쓰려고 애쓰다가 지치는 경우를 보았다. 그러나 여러분이 흥미를 갖고 있거나 관심이 많이 가는 것들에 대해 쓴다면 다시 기운을 되찾을 수 있을 것이다. 이것이 많은 독립 작가들이 힘을 얻고 행복해지는 이유가 되는데, 전통적인 방식으로 출판하는 많은 작가들은 비록 더 이상 그 소재에서 영감을 받고 있지 않지만 등단한 후에 의뢰받은 작품을 쓰는 데 반해 그들은 먼저 책을 쓰고 나서 팔려고 애쓰는 데서 알 수 있듯이 창작과정의 주도권을 갖고 있기 때문이다.

다시 직업을 갖고 즐겁게 글을 쓰라

대부분의 작가들은 직업을 갖고 있기 때문에, 이 조언은 전업 작가가 되기 위해 직업을 그만두었지만 이 일이 생각만큼 만족스럽지 못하다는 사실을 알게 된 사람들을 위한 것이다. 글쓰기로 돈을 벌어야 한다는 부담감은 때때로 글을 못 쓰게 한다. 또는 잘 팔리는 책을 써야 한다거나 여러분이 속한 모임의 사람들이 정한 기준을 달성해야 한다는 부담감이 그렇게 할 수 있다. 돈을 벌어야 한다는 부담감을 버려라. 그러면 다시 글을 쓰고자 하는 원기를 찾을 수 있다. 생일 축하카드라도 여러분은 다시 무언가를 계속해서 쓰게 될 수 있다! 그러나 출판이라는 따분한 일로부터 잠깐의 휴식을 취해야 할 때일 수도 있다.

3장

작가의 길에서 성공하기 위한 조언

3.1. 여러분 자신을 알라

"여러분 자신을 알라."

–델피에 있는 아폴로 신전의 비문

글을 쓰면 자신에 대해 많은 것을 알 수 있는데, 쓸 책의 비밀들을 생각하고 생각을 글로 표현하면서 셀 수 없이 많은 시간을 자신과 보내기 때문이다. 아마 우리도 스스로가 무엇을 생각하는지 글을 쓰면서 제대로 알게 되는 것 같은데, 이것은 분명히 자신만이 갖는 경험이다. 내 머리에 어떤 소재나 주제 또는 질문이 떠오르면, 나는 내 생각을 알기 위해서 책을 쓴다.

그러나 작가가 되는 것의 다른 면들에 관련해서도 여러분 자신을 이해하는 일은 중요하다. 왜냐하면 작가들이 맞닥뜨리는 많은 문제들이 동기나 성공에 대한 자기 나름의 정의가 분명하지 않은 데서 생기기 때문이다. 예를 들면 책 매출이나 소득이 적다고 항상 불평하는 문학 작가나, 상을 받지 못하거나 문학 축제나 미디어에서 관심을 주지 않는다고 불만을 토로하는 장르 소설가가 그렇다. 이런 문제는 2장 2절에서 다룬 성공에 대한 정의와 관련된다.

내가 희망하기는, 이 책이 심리적인 여정에서 여러분 자신을 이해하는 데 도움이 되었으면 한다. 그 이유는 창작 과정의 폭풍들이 우리가 나아가는 길의 일부라는 사실을 이해하지 못하면, 그것들이 우리로 하여금 그 길에서 벗어나게 하기 때문이다.

여러분 자신의 창조적인 에너지 순환도를 그려라

여러분은 글쓰기 과정 중 어느 부분을 좋아하는가? 빨리 하고 싶어 안달하는 것이 무엇인가? 반대로 무엇이 여러분을 힘빠지게 하고 지치게 하는가?

개인적으로 나는 조사 중독자이다. 도서관이나 탐방 여행이나 내 책에 쓸 흥미로운 주제를 찾아 인터넷에서 며칠이고 시간을 즐겁게 보낼 수 있다. 나는 또 이야기 중에서 논쟁이 있는 부분을 좋아하며, 내가 쓰기 전까지는 내 머리에 있을 것이라고 생각하지 못했던 아이디어가 떠오르는 경우를 사랑한다. 책 쓰기를 끝내는 일에 중독되어 있고, 과업을 완수하고 "해냈어."라고 말할 수 있기를 열망한다. 나는 혼자서 시간을 보내면 힘이 보충되는데, 여러분도 공감하면 수잔 케인(Susan Cain)이 쓴 『조용함(Quiet)』이라는 책을 추천하고 싶다. 그 책은 나에게 혼자 있는 시간이 왜 그렇게 많이 필요했는지를 이해하게 하는 데 도움을 주었다.

축제나 회의처럼 며칠에 걸쳐 진행되는 행사들은 내 힘을 빼았는데, 중간에 내 힘을 보충하는 시간을 충분히 갖지 못하면 나는 그 시간들을 감당하기 힘들다. 그 행사에 참석하는 많은 사람들도 내게 부담을 주기 때문에 근래에 나는 하루만 참석하거나 홀로 있는 시간을 위해 호텔방이나 조용한 장소로 피하는 것을 확실히 실행하고 있다.

일단 무엇이 여러분에게 힘을 주고 무엇이 여러분을 힘 빠지게 하는지 알게 되면, 여러분이 작가의 삶을 장기적으로 지속할 수 있도록 여러분만의 창조적인 삶을 설계할 수 있게 된다.

> "예술가이며 사업가인 여러분과 나는 자기 본성에 가까운
> 삶을 살고 있다… 우리는 이민을 갔다.
> 우리는 태양 대신 예술의 신인 뮤즈를 따른다."
> –스티븐 프레스필드, 『프로가 되기』

내게는 창조성에 대해 자연을 사용한 비유가 큰 위안이 되는데, 여기에는 밀물과 썰물의 의미가 들어 있기 때문이다. 우리는 언제나 창의력의 정상에 머물 수는 없다. 우리에게는 정신이 쉬면서 힘을 보충하는 농한기같이 경작하지 않는 시간들이 필요하다. 나는 창조하는 작업을 수확하는 것으로 생각하기를 좋아하는데, 우리는 열매를 거두고 나면 다음 일을 시작한다. 그 수확물은 세상으로 나가고 우리는 그것들과 단절된다. 물론 우리의 창작물과 감정적으로 거리를 두는 일은 지금도 내가 애쓰고

있는 일이다.

여러분이 하루 단위로 순환을 겪을 수도 있다 — 무슨 일을 할 준비가 되어 있는 때와 쉼이 필요한 때. 나는 아침형 인간으로 창작을 우선으로 하고자 하지만, 3시쯤 되면 그 일을 마치고 마케팅이나 사업 관련 다른 일들을 하게 된다. 많은 베스트셀러 작가인 딘 웨슬리 스미스(Dean Wesley Smith)와 크리스틴 캐스린 러쉬(Kristine Kathryn Rusch)는 올빼미형 인간으로 밤이 되어서야 창작을 시작해서 이른 아침까지 한다. 여러분의 보통 일하는 습관이 어떤 것인가는 중요하지 않으며, 단지 그것을 이해할 필요가 있다.

여러분의 직업이나 가족 행사는 주간 단위로 순환 주기를 가지고 있어서 언제 일정을 잡는 것이 최선인지 정할 수 있다. 그리고 나서 이것을 기반으로 연간 계획을 세우기 위해 앞으로 몇 달간의 계획을 생각해 보라. 나는 새해를 좋아하며, 1월에는 기운이 나지만 12월은 항상 내게 힘든 시기였음을 알고 있다. 힘이 소비되었을 때 자신을 너그럽게 대하고 여유를 가지고 힘이 회복될 때를 기다리는 것이 필요하다.

여러분은 이런 생활에서의 순환을 오랜 시간에 걸친 창작 과정의 순환으로도 생각할 수 있다. 여러분이 메마르고 꼼짝 못하는 상황에 있다면 너무 안달하지 마라. 비가 다시 와서 계절의 순환이 계속되기를 기대하라.

이것 또한 지나가리라.

여러분이 진정으로 원하는 것이 무엇인가?

여러분이 삶에서 하고 싶은 것을 적극적으로 결정하지 않으면 언젠가 정신을 차리고 나서 어떻게 이런 처지에 이르게 되었는지 의아해 할 것이다. 첫 직장에서 이런 일이 내게 일어났고, 인생의 진로를 바꾸는 데 수 년의 시간이 걸렸지만, 이제 나는 내 선택에 완전히 만족하게 되었다.

그러니 여러분 자신을 이해하려고 노력해서 다른 사람들이 여러분에게 기대하는 가면 밑에 있는, 여러분이 진정으로 원하는 진실을 받아들이는 데 시간을 써라. 무엇이 여러분을 기쁘게 하는가, 무엇이 여러분의 진로를 방해하는가, 무엇이 여러분의 5년 후의 목표를 달성하는 데 도움이 되는가, 어떻게 하면 그 목표를 이룰 수 있는가 하는 질문을 자신에게 직설적으로 던져라.

자신을 검열하지 말고 여러분의 꿈에 한계를 두지 마라. 10년 전에는 현재 내가 살고 있는 창작하는 생활을 생각할 수 없었지만, 돌아보면 내가 정말 원하는 것을 향해서 했던 작은 결정들이 이런 결과를 만들어냈다는 사실을 깨닫게 된다.

> "무엇이 여러분을 흥분시키면 그 일을 하라.
> 무엇이 여러분의 힘을 빼앗거든 그 일을 중단하라."
> – 데렉 시버스(Derek Sivers)

3.2. 창작 과정을 이해하고 숙련하라

"큰 성공은 우리가 몇 가지 일을 잘 했을 때 온다.
여러분은 더 많은 결과를 위해서 더 적은 일을 할 필요가 있다."
－게리 켈러, 『한 가지 일』

우리가 처음 글을 쓰기 시작할 때, 출판이나 직업이라는 생각 없이 우리는 안으로부터의 충동, 안에 있는 무언가를 밖으로 쏟아내고 싶은 욕구에 근거해 종이의 여백을 채워간다. 이 충동은 연인에게 끌림과 같은데, 같이 시간을 더 보내고 싶어하는 그런 상태이다. 그러나 전문 작가가 되면 그런 충동이 없을 때도 우리는 글을 써야 한다. 분명히 그런 욕구는 때때로 우리를 황홀경으로 몰아가기도 하지만, 전문 작가의 삶은 창조성과 결혼한 것과 비슷해서 금방 끝나거나 지나가버리는 가끔 일어나는 열정적인 사건들보다 과정과 일상적인 일이 더 중요하다.

우리 각자는 자신만의 창작 과정을 갖고 있지만, 여러분의 것을 이해하기 전까지는 책을 쓰기 시작하거나 쓰는 도중에 애를 쓰고 있는 자신을 발견할지도 모른다. 파악하기 어려운 무언가를 이렇게 창작 과정으로 문자화하는 데 여러분은 반감이 생길지 모르지만, 이것이 여러분의 삶을 간소화해서 여러분의 정신이 창작하는 데 더 많은 시간을 쓸 수 있게 해줄 것이다.

이것은 내가 직장을 다니면서 첫 번째 소설을 썼을 때 쓴 2010년 3월 일기의 일부이다.

"오늘은 글 쓰는 데 정말 성공한 날이었다. 나는 주제에 몰입했고 마인드맵과 자료 조사를 했으며 3,500단어를 썼다. 나는 주변 상황에 휘둘리지 않았고 오로지 집중했다. 이런 상태에 빠질 수 있는 요인은 무엇인가? 이것을 반복하기 위해 그것을 알 필요가 있다.

- 숙성 시간: 나는 구성과 아이디어에 대해 많이 생각하고 신중히 검토했다. 그리고 내 무의식이 활약할 시간을 가졌다. 등장 인물들이 구체화되었고 내가 더 많이 알아갈수록 소설이 완성되어가는 것을 볼 수 있었다.
- 집중된 노력: 몇 시간 동안 주의가 산만하지 않았다. 더 깊이 집중할 수 있기 위해 빗소리와 천둥소리를 반복해서 들었다.
- 글을 쓸 준비: 한 주 동안 글을 쓰지 못해 좌절하고 있었는데 오늘 그것을 만회했다.
- 다른 어떤 일보다 먼저 글쓰기: 저녁에는 다른 일들로 내 머리가 꽉 차 창조적으로 글을 쓸 수 없었기에 다른 일에 주의를 빼앗기기 전인 아침에 글을 쓸 필요가 있다.
- 글 쓰는 시간을 노는 시간으로 생각하기: 무언가를 만드는 일은 재미있다. 스스로를 과대평가해야 한다는 말을 받아

들이지 마라. '내 글쓰기는 너무 너무 중요해.' 이것이 내 안의 창의적인 아이를 질식시킨다."

이것이 내 창작 과정이, 아니면 최소한 글 쓰는 작업이 어떻게 작동하는지를 발견하기 위한 시작점이다. 그때 나는 마이크로소프트의 워드 프로그램을 사용하고 있었지만, 지금은 스크리브너(Scrivener) 소프트웨어를 이용하고 있다. 이 소프트웨어는 아이디어를 서로 연결시키고 저장하는 일을 도와준다. 나는 첫 원고를 쓰기 전에 한 문장으로 장면이나 장을 서술하는데 이 소프트웨어를 이용하며 책의 가장 극적인 부분의 개요 작성에도 쓴다. 그러나, 주로 개요는 글을 쓰면서 만들어간다.

내 주문은: 출현을 믿어라.

내가 글을 쓸 때 어떤 아이디어가 떠오른다.

나는 여전히 아침마다 창의적으로 글을 쓰며 집중된 상태가 되기 위해 빗소리와 천둥소리를 듣는다. 그리고 창작 사업을 운영하는 데 필요한 일들을 하는, 집에 있는 사무실을 나와 카페나 도서관으로 간다. 카페나 도서관에 있을 때 나는 새로운 문장이 떠오르곤 한다. 지금도 오랫동안 사용하고 있는 커피잔을 들고 카페에 앉아 있다. 또 스탠딩 책상에서나 밖을 걸을 때도 글을 적는다. 나는 대개 두 시간 정도 일하고 나서 신선한 공기를 마시러 다른 곳으로 이동한다. 그리고 나서 다시 두 시간을 일하는데, 이것이 내가 보통 일상적으로 하루에 관리할 수 있는 일과이다.

편집 과정도 지금은 분명해졌다. 초고는 "여기에 액션신을 넣으시오." 같은 지시문이 빠지지 않고, 다른 사람이 하나의 책으로 처음부터 끝까지 읽을 수 있는 상태가 되었을 때 완성된다. 초고를 인쇄한 다음 카페에서 손으로 교정을 본다. 그리고 수정 사항을 스크리브너에 반영하고 추가할 부분을 더하거나 다시 쓰거나 고친다. 그리고 나서 다시 인쇄하고 손으로 수정한다. 때때로 이 정도 하면 책이 완성되어 전문 편집자에게 우송할 수 있게 되지만, 가끔은 완성될 때까지 이 과정을 반복하게 된다.

나는 소설과 비소설에 각각 다른 편집자를 이용하며, 출판 전 교정 작업을 하기 전에 편집 수정을 한다. 때로는 특정 주제일 경우 베타 독자를 이용하는데, 예를 들면 〈깨어난 신들(Risen Gods)〉이라는, 어두운 판타지 스릴러는 분출하는 화산과 마오이족 신화가 있는 뉴질랜드를 배경으로 하는데, 나는 화산 전문가와 마오이족 독자에게 문제가 없는지 확인을 부탁했다.

여러분이 겪을 심리적인 변화도 창작 과정의 일부분으로 알아차리고 인정하는 것이 중요하다. 복잡한 아이디어와 씨름하거나 글을 쓸 시간을 마련하려고 애쓰거나 책 내용 중에 잘 연결되지 않는 부분들을 엮어내는 일은 좌절감을 일으킬 수 있다. 아마 여러분은 편집 작업을 하면서 머리털을 뽑고 싶을 때도 있을 수 있다. 그러나 엘리자베스 길버트가 『큰 마술』에서 말했던 것을 기억하라. "좌절은 여러분이 하는 과정의 중단이 아니다; 좌절이 그 과정이다."

글을 쓰면서 얻게 된 경험과 그 시간 동안 변한 여러분의 모습이 중요하다. 성공을 향해 좌절을 이기고 몇 문장을 쓰거나 몇 장을 완성하는, 그런 작은 승리들을 축하하는 일이 아마도 이 여정의 가장 중요한 부분일 것이다. 여러분은 글쓰기를 통해 여러분의 정신을 바꾸고 있고, 여러분의 삶과 다른 사람의 삶도 바꾸고 있을지도 모른다. 우리가 하는 일에는 신비로운 면이 분명히 있는데, 이것은 우리가 장기간 창조하는 일을 계속할 수 있게 하는 지속 가능한 과정을 만들어내려고 애쓸 때에만 일어난다.

"여러분의 삶이 규칙적이고 질서 있어야 여러분의 작품이 격렬하고 독창적일 수 있다."

—구스타브 플로베르(Gustave Flaubert)

3.3. 전문가다운 습관을 키워라

"예술의 신 뮤즈를 기다리지 마라… 여러분이 할 일은 뮤즈가 매일 9시부터 정오까지 아니면 7시부터 3시까지 여러분이 어디에 있을지를 확실히 알게 하는 것이다. 뮤즈가 이것을 알게 되면 나는 확신하는데 조만간 그가 시가를 씹으며 마술을 부리면서 나타나기 시작할 것이다."

—스티븐 킹

모든 것은 기본적으로 이것으로 정리된다: 작가는 글을 쓴다.

어떻게 쓰는가 하는 면에서는 모든 사람이 서로 다르며, 당연히 글을 쓰는 올바른 방법은 없다. 중요한 것은 어찌 되었든 글 쓰기는 행해진다는 것이며, 전문가다운 습관을 개발하는 것이 창작 과정에서 도움이 된다는 사실이다.

학자들의 연구에 따르면 우리가 하루에 쓸 수 있는 의지의 양이 정해져 있다고 하며, 최선의 방법은 우리가 더 적은 의사결정을 해도 충분하도록 일을 자동화하는 것이다. 습관은 결정을 내려야 할 필요를 줄여준다. 일상적인 일이 되면 여러분은 마치 양치질하듯이 생각하지 않고 그 일들을 한다. 더 자세히 알고 싶으면 찰스 두히그(Charles Duhigg)가 쓴 『습관의 힘(The Power of Habit)』이라는 책을 읽어보라.

지금 여러분의 목표를 달성하는 데 도움이 되는 좋은 습관은 무엇인가?

그리고 나쁜 습관은 무엇인가?

전문가다운 습관을 키우기 위한 몇 가지 조언을 적어본다.

글 쓰는 시간을 미리 정하고 자신이 쓰레기 같다고 느껴질 때라도 지켜라

내 생산성의 비밀은 내가 신뢰하는 필로팩스(Filofax) 일기인데, 1990년대에 첫 월급으로 구입했었다. 나는 몇 달간 글을 쓰기 위한 시간대를 미리 정해 놓고, 일상적인 일뿐만 아니라 탐방, 대담, 출판, 마케팅 업무와 같은 일을 그 사이 사이에 배치했다. 그리고 다른 공식적인 약속을 지키듯이 글 쓰는 시간을 지켰다. 매일 밤 잠자리에 들기 전에 다음날 해야 할 일들을 간략하게 적어 봤는데 거기에는 글 쓰는 과업이 포함되었다. 나는 내가 그 과업을 할 것을 당연하게 여기지 않았는데, 그것은 내가 구체적으로 시간 일정을 잡아 놓지 않으면 그것을 하지 않을 가능성이 있기 때문이었다.

여러분도 정말로, 정말로 아프지 않은 한 직장에 출근하는 것처럼 기분이 매우 안 좋더라도 글 쓰는 일을 할 필요가 있다.

판타지 작가 닐 게이만(Neil Gaiman)이 말했듯이, "두통이 있을 때 쓴 글이 기분이 좋을 때 쓴 글만큼 훌륭하다." 나도 시간이 지나며 이 말의 진리를 알게 되었다. 책의 어떤 부분은 쉽게 생각이 떠오르고, 여러분의 손가락이 키보드 위를 날아가는 상태로 물 흐르듯이 쓰일 수도 있다. 다른 장은 끈적한 설탕이 떨어지듯이 천천히 쓰인다. 그러나 나중에 책을 읽어 보면 어느 장이 어떤 상태에서 쓰였는지 알 수 없다. 여러분이 글 쓰는 데 시간을 투자한다면 여러분의 감정은 완성된 책에 영향을 주지 않는다.

제조자의 시간과 관리자의 시간 사이에 균형을 잡아라

내가 가장 많이 받았던 질문 중의 하나가 글쓰기와 마케팅의 균형을 어떻게 잡는가였다.

우선 우리는 처음에 창조적인 사람이며 그래서 글을 써야 한다는 생각으로 펜을 잡게 된다. 나는 충분히 글을 쓰지 않으면 우울해지며, 글을 쓸 혼자만의 시간을 갖기만 해도 안도감을 느낀다. 그러나 만약 내가 그런 시간만을 갖게 되면, 중요해 보이지만 전혀 오래 가지 않고 내 작품에 전혀 도움이 되지 않는 다른 것들에 내가 주의를 빼앗긴다는 사실을 알고 있다.

그러니 여러분도 제조자 시간(여러분이 창작할 때)과 관리자 시간

(여러분이 작가와 연관된 다른 일들을 할 때)을 비교해 생각해 봐야 한다. 이 개념은 프로그래머이며, 에어비앤비(AirBnB)와 드롭박스(Dropbox)와 같은 기업이 탄생한 기술 스타트업 인큐베이터, 와이컴비네이터(Y combinator)의 창립자인 폴 그래함(Paul Graham)이 처음으로 명확히 표현했다.

여러분이 제조자 상태에 있을 때는 주의를 산만하게 하는 일에 "아니오."라고 말하라.

제조자 시간에 집중을 방해하는 것으로는 블로그, 트위터와 페이스북이 포함된다. 이것들이 원래 나쁜 것은 아니지만, 우리가 인터넷이라는 토끼 구멍에 얼굴을 들이밀고 많은 시간을 쓰거나 자신의 예술을 창조하는 대신 남들이 하는 일을 지켜보는 데 집중할 때 진정으로 추구해야 할 목적으로부터 벗어나게 된다.

스티븐 프레스필드가 『프로가 되기』에서 이야기했듯이, "저항은 집중과 깊이를 싫어한다… 저항은 우리가 얕고 산만하기를 원한다. 그래서 이것은 얕고 피상적인 중독이 된다."

그런데 왜 "아니오."라고 말하기가 힘들까?

조금 전 30분 동안에 이메일을 확인해 보았나? 여러분은 스마

트폰이나 태블릿PC를 옆에 끼고 사는가? 소셜 미디어 조회수에 목매다는가?

나도 다른 사람만큼 이 문제로 갈등하고 있음을 인정하려고 하는데, 이것을 해결할 수 있는 방법이 한 가지 있다. 여러분이 제조자 시간에 있는 동안에는 이메일, 트위터, 페이스북이나 다른 주의를 산만하게 할 것들을 꺼라. 여러분이 갖고 있는 기기의 모든 알림 장치를 꺼라. 필요하면 인터넷에 연결되지 않은 컴퓨터를 사용하고 핸드폰은 비행기 모드로 바꿔라. 여러분이 집중할 수 있게 헤드폰을 쓰고 주위 소음을 막아줄 음악을 들어라.

한번에 여러 일을 하는 다중 작업(Multi-tasking)이란 없기 때문이다.

오직 과업 전환(Task-switching)만이 있다. 이것은 여러분의 집중도가 떨어지면 예술의 신 뮤즈는 그런 주의산만을 참지 못한다는 사실을 의미한다. 규칙은 없지만 집중해서 더 깊이 창작 과정에 몰입할 수 있는 여러분만의 방법을 찾을 필요가 있다. 이것에 대해 더 알고 싶으면 칼 뉴포트(Cal Newport)가 쓴 『딥 워크(Deep Work)』를 읽어보라.

매일 우리는 전문가적인 습관을 갖고 있는 전문 작가가 되겠다고 결심해야 한다. 우리가 지는 날도 있을 것이다. 누구도 이것이 쉽다고 말하지 않았다! 그러나 시간이 흐르며 우리가 그 습관을 키워갈 때, 그렇게 하지 않을 때보다 더 자주 승리하는 경우를 보게 될 것이다.

"자아(the self)라는 들판에 한 기사와 용이 서 있다.
여러분은 그 기사이다. 저항은 그 용이다.
이 전쟁은 매일 새롭게 시작될 것이다."
–스티븐 프레스필드, 『예술 전쟁(The War of Art)』

"아니오"라고 더 자주 말하라

이것은 주의를 뺏는 것에 "아니오."라고 말하는 것 이상을 의미한다. 이것은 외부 사건이나 사람들에게도 "아니오."라고 말하는 것인데, 나도 언제나 갈등하는 일이다. 나도 지역 사회에 도움이 되고, 기여하고 싶으며, 모든 온라인이나 실제 생활에서 생기는 일에도 관여하고 싶다. 나도 사람들과 교류하고 싶고, 더 자주 여행하고 싶으며, 친구를 만나고, 현재 진행되고 있는 흥미로운 일들에 참여하고 싶다.

그러나 여러분이 대중에게 알려지면 알려질수록 이런 기회들은 더 많이 생기고 여러분은 더 자주 "아니오."라고 말해야 하는데, 그 이유는 시간은 제한되어 있기 때문이다. 그 제한된 시간을 다른 사람들이나 사건들에 쓰면 여러분은 창작을 할 수 없으며, 연말에 그 동안 무엇을 하며 살았나 하는 한탄을 하게 된다. 다른 사람들의 기대로 여러분을 속박하게 되고, 나중에 여러분이 하기로 한 일들 때문에 후회하게 될 수 있다.

나는 연설하고 사람들에게 영감을 주는 일을 좋아하지만, 내성적인 사람이기 때문에 너무 많은 사람을 만나거나 너무 오래 이야기하게 되면 쓰러진다. 그래서 너무 많이 말을 하지 않으려고 주의한다. 내가 받은 이메일에 모두 답장을 보내고 싶지만, 그 일은 하루라는 시간에서 몇 분의 시간을 잡아먹는다. 그러니 이 책과 같은 책을 쓰는 데 시간을 사용하는 것이 같은 시간을 수백 명의 사람들에게 두 줄짜리 이메일을 쓰는 것보다 낫지 않은가? 그래서 나는 블로그, 팟캐스트, 책이나 강습 과정을 통해 다른 사람들과 정보를 공유하고 그들을 도와주고자 노력한다. 또 가만히 머물러 있는 것을 싫어하고 움직이는 것이 내 천성이기에 나는 항상 여행을 떠나고 싶지만, 새롭고 이색적인 장소에 항상 관심을 둔다면 나는 그 경험에 대해 숙고하고 글을 쓸 시간을 결코 갖지 못할 것이다.

중요한 것을 선택하고 먼저 그것(글쓰기!)을 위해 시간을 정하라. 그리고 나서 다른 일들에 쓸 시간이 얼마나 남았는지 확인하라. 전에는 약속들로 꽉 찬 일정을 보면 행복해하곤 했지만, 이제는 몇 주의 시간을 비워 놓는 것이 그 시간에 창조적인 생각들이 떠오르기에 더 효과적이라는 사실을 깨달았다. 나는 직장

생활을 통해 형성된, 바쁘다는 것이 생산적이라고 생각하는 나의 관념을 깨려고 노력하고 있는데, 창조적인 과정은 바쁠 때 가장 잘 진행되는 것이 아니기 때문이다. 여가 시간이 많다는 것은 실제로 더 창조성이 많다는 것을 뜻한다. 바쁘다는 것은 다른 사람들의 요구 사항을 더 많이 갖고 있다는 것을 의미한다.

여러분은 무엇에 "아니오."라고 말해야 하나?

"가능한 관대하라. 그러나 여러분의 일을 지킬 정도로 이기적이 되라."

– 오스틴 클레온(Austin Kleon)

3.4. 작가들과의 관계를 관리하라

이 장은, 수년 전에 작가이며 팟캐스터인 머르 라페르티(Mur Lafferty)가 '나는 글을 쓰고 있어야 한다(I Should Be Writing)'라는 팟캐스트에서 전문 작가로 사는 것과 관련하여 했던, 내가 들었던 한 문장으로 요약될 수 있다.

"잘난 척하지 마라."

대리인, 편집자, 출판사, 전문 프리랜서, 블로거, 다른 작가와 또 가장 중요한 독자들과 직업상의 관계를 유지하는 일이 중요하다는 말은 자명한데, 놀랍게도 많은 작가들이 이것을 특히 온라인 세계에서 잊고 있는 듯하다.

글쓰기는 시간이 많이 걸리는 경기이며, 시간이 지날수록 여러분은 출판시장에서 같은 사람들을 만나게 될 가능성이 있다. 대리인과 편집자들은 회사를 옮겨 다닐 수 있지만, 여러분이 어떤 사람인지 그들은 분명히 기억하며 자기들끼리 여러분에 대해 이야기를 한다. 전문 프리랜서들은, 최고의 표지 디자이너와 편집자처럼 같이 일하기 편하고 제때 비용을 지급하는 고객들하고만 일을 계속한다.

여러분은 또 행사 또는 포럼/사적 모임에서 다른 작가들을 만날 텐데 그들이 5년 후 또는 20년 후에 어떤 작가가 될지는 알 수 없다. 여러분이 초기 작가 시절에 만든 관계가 오랜 기간 지속되어 현재나 장래에 서로 상대방을 도울 수 있게 될 수도 있다. 작가 여정에는 여러분을 앞서 나가고 있는 사람, 뒤에서 쫓아오고 있는 사람들이 있으므로 여러분이 도울 수 있는 사람을 도우면 나중에 어떤 사회적 보답이 올지 결코 알지 못한다. 관대함이 더 행복하고 서로 도와주는 지역사회를 만드는 데 기여한다. 내가 모든 것이 아름답고 순진한 소설을 쓸 것 같지는 않지만, 나는 분명히 그렇게 살고자 노력한다!

'업(karma)'이라는 단어는 여러분이 준 것을 다시 돌려받는다는 것을 의미하는데, 나는 사회에서 이것이 진리라고 믿는다. 여러분이 무언가를 준다면 같은 종류는 아니더라도 어떤 식으로든 무언가를 받을 것이다. 쓸모가 있고 도움이 되고 관대하면, 개인적으로 여러분도 만족하게 되며 또 호의의 은행도 세우게 된다. 사람들이 여러분의 관대함 때문에 여러분에게 끌려 있는데, 여러분이 책을 출판했다고 말하거나 그들이 여러분의 책이나 상품이 시장에 나와 있는 것을 알게 되면 그것을 살 가능성은 높을 것이다.

이것은 미신이 아니다. 이것은 영향력에 대한 지식에 근거한 것이다. 로버트 시알디니(Robert Cialdini)가 쓴 『영향력(Influence)』

이라는 책을 읽어보면, 상호성의 원칙이 사람들의 행동에 영향을 미칠 수 있는 수단 중의 하나인 것을 알 수 있다. 나는 우리가 이런 원칙들을 이용할 수 있다고 믿지만, 남을 속이거나 비윤리적인 방법으로는 사용하지 말아야 한다.

코피티션(Co-opetition)은 여러분이 경쟁자로 생각하는 상대방과 서로 이득을 얻기 위해 협력하는 개념이다. 이해 관계가 일치할 때 서로 협력하는 것은 혼자 일할 때보다 훨씬 더 큰 가치를 창조할 수 있다. 특별히 홀로 출판까지 하는 환경에서는 기업가적인 정신을 갖고 있는 작가들이 많은데, 그들은 공개적으로 서로 협력하고 있다. 우리는 매출에 대해 논의하며, 블로그 댓글이나 소셜 미디어를 통해 상대방의 판촉을 도와주는데, 특히 같은 장르의 책을 다루고 있을 때 그렇다. 함께 일하고 배우면서 사업에서의 교훈도 빨리 배우고 시장 변화에 더 빨리 대응하고 적응한다. 물론 전통적인 방법으로 출판하는 작가들도 서로의 책을 판촉해주거나 축제에서 같이 연설자로 나서거나 같이 사인회를 진행하면서 협력한다.

예를 들면 여러분이 과학 소설을 쓴다고 하자. 다른 과학 소설 작가들을 경쟁자로 여길 필요는 없다. 대신 그들을 마케팅의 잠재적인 협력자로 생각하라. 여러분과 그들 모두 여러분의 책을 빨리 읽고 다음 책을 기다리고 있을지도 모르는 관심 독자층을 끌어온다. 서로 판촉을 도와 줄 수 있는데 같은 장르의 작가들과 같이 일하지 않을 이유가 있는가? 이렇게 해서 모든 사람이 혜택을 받는다. 똑같이 비소설 작가들도 같은 독자층을 목표로 같은 경우에 다른 작가들과 같이 일할 수 있다. 어쨌든 한 권의 다이어트 책을 사는 독자가 그런 종류의 책을 더 많이 살 가능성이 있다.

전문가가 되고자 할 때 사람들의 인식도 유념해야 한다. 여러분의 이름이 새겨진 것은 무엇이든 여러분의 명성에 해가 되지 않고 득이 되어야 한다. 여러분이 사적인 모임이나 페이스북 그룹에서만 나누고자 한 어떤 것이든 화면 복사되거나 공유되어 다른 사람들의 이야기 소재가 될지 모른다. 여러분이 말한 내용이 정당한 것이더라도 블로그나 소셜 미디어에서는 나쁜 인간으로 낙인 찍힐 수 있다. 그러니 만약 여러분이 화나거나 누군가를 비난하고 싶으면 블로그나 트위터나 페이스북에 적지 말고 여러분의 명성을 지키기 위해 가능한 사적으로 처리하라.

독자의 이메일에는 우아하게 감사를 표하며 반응하라. 왜냐하면 그들이 여러분의 책이 성공할 수 있게 해주는 사람들이기 때문이다. 행사장에서 팬을 만나면 웃고 좋게 대하라. 독자들과 시간을 보내지 않는 무뚝뚝한 작가는 곧 어떤 평판을 갖게 될 것이다. 아마 그것이 단기적으로 매출에 영향을 주지는 않겠지만, 시간이 지나면 블로그 네트워크나 소셜 미디어를 통해 독자들의 의견이 전파된다.

"올라가는 길에 만나는 사람들을 좋게 대하라.
왜냐하면 그들이 여러분이 내려오는 길에서 만날
사람들이기 때문이다."

－윌슨 미즈너(Wilson Mizner)

3.5. 여러분의 작가 경력을 통제하라

"목표를 달성하는 동안 그만한 가치가 있는 사람이 되기 위해 충분히 커다란 목표를 세워라."

—짐 론(Jim Rohn)

여러분만큼 여러분의 삶에 관심을 가질 사람은 없으며, 오랜 기간 동안 지속될 작가 경력에 대해서도 여러분만큼 관심을 가질 사람도 없다. 여러분이 책으로 큰 성공을 이룬다면, 여러분에게 관심을 갖는 사람들이 분명히 많아질 것이다. 여러분의 성공에 자신들의 수입이 달려 있기 때문이다. 그러나 대다수 작가들에게 작가 경력은 자신들이 이루어가야 하는 것이며, 중요한 보상은 창조된 작품과 그 과정 자체이다.

그러면 이것을 어떻게 관리할 수 있을까?

여러분이 진정으로 원하는 것을 향해 일하고 있어야 한다

"이 범죄 시리즈의 후속편을 쓰고 싶지 않지만 내 대리인은 그게 팔리는 책이라고 하고 있어." 내 작가 친구가 한숨 쉬며 말했다. "아이디어는 막혔고 흥미도 없기 때문에 난 글쓰기를 거부하고 있지." 그녀는 와인을 한 모금 마셨다. "그렇지만 내가 쓰고 싶은 다른 것이 있어." 그녀는 지금 그녀에게 돈을 벌어다 주고 있는 시리즈물과는 전혀 관련 없는 다른 창작물에 대해 눈을 반짝이며 말했다.

그녀는 대리인이 원하는 책을 써야 할까? 아니면 열정이 가는 책을 시도해 보고 그 결과가 어떻게 되는지 알아봐야 하나?

대답은 그 작가에게 달려 있고 그가 장기적으로 원하는 것이 무엇인지에 따라 결정된다.

"브랜딩은 중요하고 쌓는 데 오랜 시간이 걸린다. 여러분이 구축하는 브랜드가 여러분이 진정으로 하고 싶은 것이 되어야 한다. 왜냐하면 여러분이 만든 다음에는 고치기가 힘들기 때문이다."

—밥 메이어(Bob Mayer)

내가 첫 번째 비소설 〈경력 변화(Career Change)〉를 썼을 때 이런 일이 생겼다. 일단 이 책이 출판된 다음에 나는 게스트 블로깅과 내가 만든 기업 세계를 벗어나는 것을 다루는 웹사이트에서 판촉을 시작했다. 연설도 부탁 받았는데, 문득 내 평생을 이런 주제에 대해 연설하며 살고 싶지 않다는 것을 깨달았다. 내가 말하고 싶은 모든 것을 책에 요약했고, 나는 다시 앞으로 나갈 준비가 되어 있었다. 직장에서 13년 일했지만 나는 그 일을 좋아해 본 적이 없었고, 죽을 때까지 그 일을 하고 싶지는 않았다. 그래서 나는 열정을 느끼지 못하는 일에 내 시간을 쓰고 싶지 않았다.

그래서 다시 기본으로 돌아갔다. 내가 인생에서 진정으로 하고 싶은 일이 무엇인가? 어떻게 내 시간을 쓰고 싶은가?

토니 로빈스(Tony Robbins)의 자립에 관한 책에서 보았다고 생각되는, 의미심장한 질문이 있다.

"인생에서 여러분이 원하는 것, 여러분의 행동을 결정하는 핵심 가치를 요약하는 한 단어는 무엇인가?"

이것이 쉬운 질문은 아니지만, 오랫동안 심사숙고 한 후에 나는 그 대답을 '자유'로 결정하였다. 이 결정이 아직까지 내 삶을 인도하고 있다. 이것은 내가 다른 나라를 여행하기로 결정하는 것, 그리고 물건을 소유하기보다 경험을 선택하는 것에서 드러나고 있다. 이것이 내가 전자책 매출에 집중하고 장소에 구애 받지 않는 사업에 집중하는 이유이다. 나는 허가를 구하거나 다른 사람에게 의존하는 것을 좋아하지 않는다. 아마 이것이 내가 독립 작가가 되기로 선택한 주된 이유일 것이다.

여러분의 삶의 가치와 선택한 단어가 분명히 나와 다르겠지만, 여러분이 정말로 원하는 것을 알게 되면 살아가면서 하게 될 많은 의사 결정들을 하는 데 도움이 될 것이다.

단지 다른 직업을 만들지 마라.

삶과 여러분이 진짜 원하는 일을 설계하라. 왜냐하면 인생은 아주 짧기 때문이다.

목표를 세우고 진척 상황을 확인하라

개략적으로 여러분이 원하는 것을 결정하면 다음에 그것을 보다 구체화할 수 있게 된다. 나는 이 부분에 대해 『글쓰기로 생활하는 방법』이라는 책에서 자세히 다루고 있는데, 기본적으로 여러분의 인생 목표를 보다 작은 덩어리와 달성 가능한 단계로 세분화할 필요가 있다. 사업 계획 형태로 기술하거나 공개적으로 블로그 해두거나 아니면 일기에 기록해 두는 것이 중요하다.

이렇게 문서화된 목표는 여러분이 집중하는 데 도움을 주며, 눈길을 끄는 새로운 것에 주의를 빼앗기지 않고 여러분의 우선 순위를 분명하게 인식하고 있게 해준다.

"분명하게 기술된 목표를 갖고 있는 사람들은 그것이 없는 사람들이 상상할 수 있는 것 이상으로 짧은 시간에 큰 일을 성취한다."

–브라이언 트레이시(Brian Tracy)

독립 작가의 역량 강화

이 책은 출판에 관한 책이 아니므로 나는 여기서 세세한 일까지 다루지는 않겠다.(실질적인 정보가 더 필요하면 내가 쓴 『성공적인 자가 출판(Successful Self-Publishing: How to Self-Publish and Market your Book)』을 참조하라.)

그러나 내가 독립 작가를 선택한 이유 중의 하나는, 내가 하는 창조적인 일을 내가 통제할 수 있고, 그래서 내 소득이나 생활 양식도 내가 결정할 수 있기 때문이다.

나는 남이 나를 선택하기를 기다리지 않았다. 내가 나를 골랐다.

나는 실수도 했지만 그 과정에서 교훈을 얻었고, 스스로 일을 했기에 더 빨리 배웠고, 전통 방식으로 출판하는 작가들보다 직장을 그만두고 나서 훨씬 빨리 일정 수준 이상의 수입을 올리게 되었다. 그들 중 많은 작가들이 "누군가가 나 대신 이 일을 해줄 거야."라는 태도와 계약에 맞춰 글을 써야 하는 요구 사항에 갇혀 있다.

심리 조사에 따르면 대리인을 두고 있거나 자기 상황을 통제하는 사람들이 다른 외부 힘에 좌지우지되는 사람들보다 더 행복하다고 한다. 여러분이 자가 출판하고 그 결과가 여러분이 얼마나 많이 배우고 실행했는가에 달려 있다면, '통제 위치(locus of control)'는 독립 작가인 여러분에게 있다. 이것은 모든 사람들에게 해당되지는 않지만, 도전해 볼 만한 가치는 있다고 할 수 있다.

만약 내가 2011년에 〈불의 돌(Stone of Fire(전에는 오순절(Pentecost)이라는 제목이었다))〉을 자가 출판하지 않았더라면, 아니면 내 블로그에서 출판 키를 클릭하지 않았었다면, 나는 글쓰기에 대해서 말을 하지만 쓰지는 못하면서 여전히 기쁨이 없는 컨설턴트로 살았을 것이다. 내가 처음 세 권의 소설을 끈기 있게 완성해 나가지 않았더라면, 네 번째 책에서 내 목소리를 찾지 못했을 것이다. 다른 사람의 승낙을 구하거나 그들의 선택을 기다렸다면, 나는 내가 될 수 있는 것들에 대해 여전히 꿈만 꾸고 있었을 것이다.

물론 글을 쓰고 독립 출판한다고 해서 처음부터 잘했다는 의미는 아니다. 휴 호위(Hugh Howey) 같은 성공을 보장하는 것도 아니다. 그러나 이것이 여러분 안에서 변화를 일으키고 여러분을 더 창조적이 되도록 만든다. 다음 단계로 나아가는 데 장애가 되는 것들을 치울 수 있게 해준다. 결국 작가의 삶은 발견의 길이며 운명의 여정이 아니다.

이제 부담감을 덜었다. 여러분은 이런 힘을 얻은 것이다.

글을 쓸 힘. 출판할 힘. 세상의 독자와 작가들과 소통할 힘.

이제 쓰자.

"독립 출판은 출판업을 바꾸지 않는다. 그것은 작가를 바꾼다."

—수잔 케이 퀸(Sasan Kaye Quinn)

3.6. 어울릴 사람을 찾아라

"창조하는 행위의 일부분은 여러분과 같은 부류의 사람을 발견하는 것이다."

–헨리 밀러(Henry Miller)

글쓰기는 혼자 생각하면서 책상 앞에 앉아서 쓰는 일이고, 그 글을 읽는 사람은 공간적으로나 시간적으로 작가와 분리되어 있기 때문에 가장 고독한 직업 중의 하나라고 말해진다. 가족도 작가를 잘 이해하지 못하며, 오래된 친구들도 작가들이 시간을 어떻게 사용하는지 알 수 없기 때문에 사이가 멀어질 수 있다.

내가 처음으로 글쓰기를 시작했을 때는 알고 있는 작가가 없었다. 나는 그들이 나와는 다른 세상 사람이라고 생각했고, 그들과 교제는커녕 그들을 만나고 싶다고 생각한 적도 없다. 요즈음 내 가장 친한 친구들은 작가들이다. 축제 때 나는 그들과 어울리며 내 팟캐스트에서 같이 대담을 진행하고 서로의 책을 추천해주고 있다. 내 친구 모임은 직장과 관련된 모임에서 창조적인 일을 하는 사람들로 바뀌었다. 그러니 여러분도 이렇게 될 수 있다.

어울릴 사람을 갖는 일은 중요한데, 여러분에게는 같이 축하하고 싶을 때나 아니면 낙담하여 격려가 필요할 때가 있기 때문이다. 작가의 삶이 고독하기는 하지만 인터넷의 도움으로 꼭 그럴 필요는 없어졌다.

온라인에서 같은 생각을 가진 사람을 찾아라

여러분은 온라인에서 오전 글쓰기(#amwriting) 같은 트위터 해시태그나 케이보드(KBoards) 같은 포럼, 페이스북, 링크드인 그룹 등 같이 어울리고 글쓰기나 책에 대해 토론할 수 있는 같은 성향의 사람들을 찾을 수 있다. 가까운 혈육을 찾는 것보다 더 쉬울 수 있다. 그런 사람들은 장르 관련이든, 주제 관련이든, 출판이나 책 마케팅 관련이든, 아니면 현장 행사에 보조 출연진으로 모였든 다양한 이유로 모였을 수 있다.

소그룹이 있는 전문 단체들이 있는데, 예를 들면 '독립작가연합'에는 누구든지 묻고 대답할 수 있는 생동감 있는 페이스북 그룹이 있다. 또 내가 만든 'Creative Freedom community' 같은 온라인 강의와 연결된 모임도 있다.

여러분의 작가 경력이 얼마나 되었든 상관없이 온라인에서 모임을 찾을 수 있다. 찾아 나서기만 하면 된다.

여러분의 동료를 아는 데 주의를 집중하라

여러분이 아직 책을 쓰지 않았다면 여러 권의 책을 쓴 작가 그룹의 일원이 되기는 힘들 수 있는데, 그들과 함께 이야기를 할 정도의 경험을 갖고 있지 않기 때문이다. 그러니 비슷한 수준의 사람들과 관계를 만들어가는 것이 낫다. 예를 들면 나는, 스티븐 킹이나 제이 케이 롤링에게 나를 그들 작가 그룹에 속하게 해달라고 부탁하지 않을 것이다.

반대로 여러분이 다섯 권의 책을 썼고 소득도 많으면 초보 작가 모임에서 환영을 받지는 못할 것이다. 나는 이런 사실을 런던의 지역 작가 모임에 가입하려고 했을 때 알게 되었는데, 그 모임의 수장이 내가 너무 앞서가 있어서 다른 작가들이 불편해한다는 취지의 이야기를 해주었다. 그 이야기를 듣고 나는 웃었는데, 그것은 내가 나보다 몇 년 앞서 나간 작가들에게 가졌던 감정과 같았기 때문이다.

이제 내 친한 친구들은 중간 리스트의 작가, 전통 방식으로 출판하는 작가와 전문 독립 작가들이다. 서로 도울 수 있고 비슷한 경험을 공유할 수 있기 때문이다. 나는 우리가 함께 성장해서 언젠가는 또 다른 킹(King), 롤링(Rowling), 패터슨(Pattersons)이 되기를 기대한다.

작가의 길에서 여러분이 어디쯤 있는지 솔직하게 인정하고, 여러분 수준에 맞는 사람들과 친구가 되라. 여러분도 시간이 지나면서 단계가 올라갈 것인데, 예를 들어 여러분이 속한 작가 그룹의 90%가 책을 완성하지 못했는데도 불구하고 여러분은 했다면 여러분은 새로운 작가 그룹과 어울리게 될 것이다.

받기를 기대하기 전에 줘라

나는 2009년에 창의적인 사람들과 대화하려고 팟캐스트를 시작했다. 아는 사람은 없었지만, 그들이 성장하도록 돕는 최선의 방법은 비디오나 오디오 대담 형식으로 무언가를 제공하는 것이라고 결정했다. 그렇지 않으면 그들이 무슨 이유로 나와 스카이프(Skype)로 대화하고 내 이메일에 회신을 보내는 수고를 하겠는가? 이 팟캐스트가 다른 저자들과 관계를 맺는 초석이 되었다. 나는 새로운 사람과 알고 지내고 싶으면 그들을 이 팟캐스트로 초대한다.

물론 다른 작가들과 친분을 만들기 위해 팟캐스트를 시작할 필요는 없다! 이런 베푸는 원칙은 책을 사고 후기를 남기는 일에도, 다른 사람의 책이나 강의에 대해 블로그 댓글을 쓰는 일에도, 소셜 미디어나 소식지, 기타 다른 판촉 방안에서 어떤 작가에 대한 정보를 공유할 때에도 적용된다. 여러분은 그 책이 정말 훌륭하기 때문에 이런 일을 하겠지만, 다른 사람의 작품을 일관성 있게 판촉해 준다면 여러분이 다른 사람들의 주목을 받을 가능성이 더 많아진다. 시간이 걸리지만 내 경험으로는 장기적으로 보상이 있다고 할 수 있다.

현장 행사에 참가하라

내성적인 사람으로서 현장 행사는 피곤하기 때문에 내게 부담이 되지만, 작가 세계에서 친구를 만들려고 한다면 꼭 필요한 일이다. 현장 행사는 시간, 노력, 돈을 들일 만한 가치가 있는데, 나는 매년 영국과 국제적으로 열리는 여러 행사에 참석한다.

그러나 준비하지 않은 회의나 행사는 가지 않는데, 그렇게 하지 않으면 호텔방에서 가만히 혼자 있게 될 것이기 때문이다! 트위터가 내 비밀 무기인데, 행사 전에 온라인에서 사람들을 추적하여 그들의 블로그를 통해 그 사람들에 대해 알아보고, 나중에 그들과 대화를 시작할 때 이렇게 알게 된 내용을 연결고리로 사용한다.

여러분이 회의에 처음으로 참석했다면 "여기에 처음 옵니다."라고 솔직하게 말하라. 그러면 다른 신참자를 알게 될 수도 있고, 아니면 여러 번 참석해 온 사람으로부터 그 회의에 대해 유용한 이야기를 들을 수도 있을 것이다. 다음에 다시 참석하게 되면 이미 알고 있는 사람이 있을 것이다. 여러 번 참석하게 되면 여러분은 고정 참석자가 되어 사람들이 여러분을 알아볼 것이며 동료 집단도 생기게 되었을 것이다.

나는 몇 개의 연차 회의에 참석하고 있는데, 처음에는 확실히 주눅이 들었다. 여러분은 자신을 보잘것없는 사람처럼 느낄 수도 있고 친구가 없을 수도 있다. 그러나 시간이 지나면서 관계를 쌓아가게 된다. 많은 작가들에게 이런 회의는 자신을 지원하는 사람들을 얻기 위한 유용한 수단이며, 다시 만날 때까지 모든 사람들에게 도움이 되는 중요한 대면의 시간이다.

작은 경고...

누구와 시간을 보낼지 주의하라. 그리고 교제 범위를 바꿀지 아니면 상대방이 바뀌었는지 주기적으로 살펴보라. 그 지역 비평가 그룹이나 온라인 그룹에서 벗어나 앞으로 더 나아갈 때일 수도 있다.

포럼에서 사람들과 같이 어울리는 것만 좋아할 수도 있는데 그것이 해가 될 수 있다. 매사에 부정적인 태도를 갖고 남들을 자신과 같이 의기소침하게 만드는 사람과는 어울리지 않도록 하라.

"여러분은 여러분이 시간을 함께 보내는 다섯 사람의 평균치이다."

–짐 론

3.7. 계속 배워라

“우리 모두는 어떤 직업에서 한번도 장인이 되어본 적이 없는 도제들이다.”

–어네스트 헤밍웨이(Earnest Hemingway)

내가 작가인 것이 좋은 이유 중의 하나는, 내가 계속 배울 수 있고 죽는 날까지 새로운 아이디어를 실행해 볼 수 있기 때문이다. 호기심이 나로 하여금 글을 쓰게 한다. 조사하면서 내가 세상에 대해 무엇을 발견하게 될지에 대한 호기심과 내가 무엇을 생각하는지에 대한 궁금함은 오직 글로써 나타난다. 그리고 당연히 여러분이 이 작업의 한 부분을 통달했더라도 찾아보고 시도해 보아야 할 것이 언제나 훨씬 더 많다. 이런 과정은 열정을 불러 일으킨다!

특정 장르의 글을 쓰는 일이 지겨워지면 다른 장르의 글을 써보라.

9만 단어의 스릴러나 12만 단어의 시대 판타지를 또 쓰고 싶지 않으면 쉬면서 2.5만 단어의 짧은 소설을 써라.

마음 아픈 소설을 쓰고 나서 기분 전환이 필요하면 논픽션을 써보라.

실용서 같은 논픽션에 싫증이 나면 좀비가 나오는 재앙 모험물을 쓰라.

진지한 문학 소설을 쓰느라 진이 빠졌으면 다른 필명으로 달콤한 사랑 소설을 쓰라.

출판업자가 쓰라고 권하는 책에 싫증이 나면 여러분이 쓰고 싶은 장르의 책을 독립 작가로 쓰라.

여러분의 창조적인 삶이다. 여러분이 선택해야 한다!

우리 모두는 계속 배울 것이고 시간이 지남에 따라 실력이 늘어날 것이다.

어떤 이유에서인지 출판업계의 미신은 첫 소설이 베스트셀러 1등이 되고 나서야 작가로서의 경력이 시작된다고 생각한다. 실제로 다른 직업처럼 작가들은 시간이 흐르면서 나아지기 때문에 초창기 작품들은 나중에 난감해 할 수 있는 경우들이 있다. 그러나 나아지기 위해서는 이런 일들도 겪어야 한다! 알랭 드 보통(Alain de Botton)이 말했듯이, "작년의 자신을 부끄러워하지 않는 사람은 아마도 지금 충분히 많은 것을 배우지 않고 있는 것이다."

새로운 작법을 배우는 것도 기술의 발달로 끊임없이 변하는 세상에서는 중요하다. 5년 전만 해도 작가들은 글로 돈을 벌 방법과 독자들에게 다가갈 길이 제한되어 있었다. 이제는 작가들을 연결하고 독자와 소통하는 것뿐만 아니라 출판이나 마케팅을 도와줄 많은 기술이 있다. 배우고자 하는 작가들은 앞으로 날아갈 수 있다. 저항하는 작가들은 당연히 뒤처질 것이다.

"나는 하는 방법을 알기 위해서 내가 할 수 없는 그 일을
지금도 계속 하고 있다."
–파블로 피카소

3.8. 휴식 계획을 세우고 쉬어라

"끊임없이 일하면 여러분이 쓰고 싶다거나 말하고 싶은지조차 알 여력도 없는 탈진 상태를 가져온다."

-나탈리 골드버그

쉬는 것이 왜 작가들에게 특히 강조되어야 하는지 그 이유를 나는 모른다. 그러나 다른 직업도 여러분에게 해가 되더라도 실수 없이 매일 같은 일을 반복하는 것을 높이 평가하지는 않는 것 같다. 하나님까지도 엿새 동안 창조하시고 나서 하루를 쉬셨는데 여러분이 어떻게 따르지 않을 수 있겠는가?

만일 여러분이 어찌할 줄 모르거나 소셜 미디어가 붕괴된 것 같은 기분이 들거나 공격적이고 짜증나게 할 이메일을 누군가에게 보냈다면, 심호흡을 하고 한 발짝 뒤로 물러서라.

전화와 인터넷을 끄라. 이메일을 읽지 말고 소셜 미디어도 계속 보지 마라.

항상 할 일은 더 많아진다. 이것은 결코 멈추지 않는다.

쉴 때만큼 좋은 시간도 없다. 그러니 그냥 물러나 있어라.

살기 위해 글을 쓰지만 또 쓰기 위해 살기도 한다

2011년 9월 이후, 나는 작가 기업가로서 직업을 바꿔 살아오고 있다. 이것이 내 수입원일 뿐만 아니라 내 열정의 대상이며, 나는 청구서 비용을 지불하기 위해서뿐만 아니라 이 일을 사랑하기 때문에 글을 쓴다. 지금 여러분이 하고 있는 일을 사랑하고 있지 않은 경우에는 일과 생활의 균형이 필요하다고 생각하지만, 나는 행복한 일 중독자이다… 대부분의 경우에.

그러나 우리 모두는 창조하는 영혼을 새롭게 만들기 위해, 영감과 예술가와 데이트를 하기 위한 시간이(줄리아 카메론(Julia Cameron)이 쓴 『예술가의 길(The Artist's Way)』이라는 책을 보라.) 필요하다. 나의 경우 낯선 장소에서 기분이 전환되고 건축물과 문화, 종교와 신화에서 영감을 받기 때문에 자주 여행을 간다. 여행은 내 삶에서 항상 중요한 자리를 차지하고 있으며, 심지어 내 남편은 내가 어디로 떠나지 않으면 발이 근질근질거리는 증세를 갖고 있다고까지 말한다. 나는 충분한 시간을 여행에 쓰지 않으면 까탈스러워진다. 내 머리를 아이디어로 채워 계속해서 글을 쓰기 위해 나는 여행이 필요하다. 이것이 나를 재충전하는 방법이다.

집에 머무는 것이 여러분에게 더 맞는다면 디지털 금식을 시도해 보라. 우리가 온라인에 너무 빠져 있을 때, 그것은 차를 탔을 때와 비슷한 빠른 속도감과 진동이 있다. 이것은 중독성이 있고 사람을 흥분시키며 아주 재미있지만— 나는 필요한 것이라고 믿는다— 항상 그래야 하는 것은 아니다. 사실 그것은 지나치면 여러분을 아주 빨리 탈진시킨다. 다른 일을 할 때처럼 쉬는 시간을 잡아 놓도록 하라.

"정신적인 연료가 없다면 여러분은 창조적인 통찰을 얻을 수 없다…
디지털 안식일이 사고와 영혼에는 매우 중요하다."
– 클라이브 톰슨(Clive Thompson), 『생각보다 더 현명하게(Smarter than You Think)』

3.9. 길게 생각하라. 작품집을 만들어라

"하룻밤 새 성공을 만드는 데는 10년의 시간이 필요하다."

–톰 클랜시(Tom Clancy)

논리적으로 볼 때, 하룻밤 새 성공하는 것은 신화라고 알고 있다. 갑자기 나타나 큰 히트를 친 작가 이야기를 미디어에서 들어 보면, 그렇게 인기가 하늘까지 치솟은 책을 쓰기 위해 그 뒤에 수 년의 노력이 있는 경우가 많다. 또 여러분이 들어보지 못했지만 어지간한 소득을 올리며 사는 작가들도 많다. 물론 작가가 시대 정신을 제대로 울리면 큰 반향을 일으키는 경우가 언제나 있지만, 이런 경우를 전제로 사업 계획을 세울 수는 없다.

작가 경력을 세우기 위해 필요한 시간을 고려해 보자.

나는 여러분 중 많은 사람들처럼 회사에서 일하다가 작가의 길로 왔는데, 대부분의 작가들도 같은 길을 걸어왔다. 여러분이 직업을 가진 후 1년의 업무 경험을 쌓고 나면 여러분의 가치는 얼마가 될까?

3년 후에는?

5년의 경험을 쌓으면 여러분은 더 많은 월급을 받기 시작하고 다른 사람들을 관리하며 전문가 능력을 갖게 된다.

그러나 여러분이 회사에 정말로 유용한 인재가 되고 여러분의 가치에 따라 월급을 받게 되는 시간은, 입사한 지 5년에서 10년이 된 기간이다. 그리고 여러분이 이렇게 일하는 동안 회사를 떠나 다른 회사로 가는 사람들이 생긴다. 어떤 분야이건 10년이 지난 후 여러분이 이루는 성공의 대부분은 단지 포기하지 않고 여러분이 전문가가 되도록 계속 일했기 때문이다. 10년이 지나면 여러분은 자신이 하는 일에 대해 잘 알게 된다.

작가 경력도 다를 이유가 있을까?

2011년에 마침내 전문 작가 사업가가 되기 위해서 회사를 그만두었을 때 내 수입은 크게 줄었다. 그러나 이것은 당연한 일이었다. 13년 동안 다양한 경험을 쌓아 회사가 나에게 상당한 보수를 지불할 분야에서 나는 단지 몇 년의 파트 타임 경력만 있는 분야로 옮겼기 때문이다. 그 후 내 수입이 그때 수준으로 회복하는 데는 4년 이상의 시간이 걸렸으며, 그 다음부터는 이전의 급여를 초과하고 있다.(좀 더 구체적인 내용은 내 책 『글쓰기로 생활하는 방법』을 보라.)

다른 창조적인 분야도 생각해 보라.

여러분이 바이올린을 이제 연주하기 시작했는데 다음 해에 카네기홀에서 독주 연주회를 여는 것을 기대할 수 있는가? 여러분의 첫 노래로 방송 순위에서 1위를 기록할 수 있는가? 음악가가 돈을 벌 때까지 얼마만큼의 시간이 걸릴 것이라고 생각하는가? 화가의 경우는?

그런데 작가는 다를 것이라고 생각하는가?

이처럼 더 좋은 작가가 되기 위해 여러분의 능력을 향상시키는 데는 수 년의 시간이 필요하며, 어떤 장르이건 독자층을 확보하는 데도 그렇다.

무슨 근거로 첫 번째 책이 여러분이 쓴 최고의 책이 될 것을 기대하는가? 분명히 여러분이 쓴 다섯 번째나 열 번째 책이 그 첫 번째보다 낫지 않을까? 그러니 여러분이 창작 과정에서 첫 번째 책을 얻었으면 다음 책, 그리고 그 다음 책으로 계속 나아가라.

경험 많은 작가라면 여러분의 길이 항상 위를 향할 것이라고 기대하는 것이 타당하지 않을까? 여러분이 쓴 책이 이전의 책보다 더 많이 팔리고 소득도 증가하는 것이 타당하지 않을까?

계속 창조하라

최근 여행한 스페인에서 나는 피카소가 태어난 말라가(Malaga)에 있는 그의 미술관을 방문했다. 전시관에는 1890년대 초기부터 1970년대까지 그의 소묘, 도자기, 그림과 조각이 있었다. 피카소는 91세에 죽었는데, 전 생애에 걸쳐 창작 활동을 했다. 그는 약 5만 점의 예술 작품을 만들었다고 추산되는데, 그 중의 소수만이 걸작으로 알려져 있다. 그러니 여러분도 작품을 많이 만들고 오랫동안 그 창작 과정을 지속하지 않으면 걸작을 만들 수 없다. 아이작 아시모프(Issac Asimov), 에니드 블라이튼(Enid Blyton), 노라 로버츠(Nora Roberts), 알엘 스타인과 같은 다작하는 작가들을 생각해 보라. 여러분도 그들의 작품들을 여러 권 알고 있을 텐데 그들 모두 각자 수백 권의 책을 썼다. 여러분은 무엇이 중요해질지, 어느 책이 잘 팔릴지 모른다. 앵그리 버드(Angry Bird)는 로비오(Rovio)가 만든 52번째 게임이었다.

여러분이 무엇을 만들든지 계속해서 세상에 내놓기만 하면 된다.

피카소 작품의 전시는 그의 예술적 발전을 명확하게 보여주어 기억에 남았는데, 초기 작품들은 그가 여러 기법을 시험하고 배우고 있었기 때문에 걸작을 만들기 위한 과정의 일부임이 분명했다. 그의 낙서나 재미있게 만든 작품들은 세련되지 않았고,

실제로도 아주 훌륭하다고 평가되지는 않지만, 완성된 작품만큼 흥미로웠다. 사실 눈으로 보는 예술은 시간에 따른 변화를 감안하여 예술가의 발전 과정을 알아보고 평가할 수 있다는 점에서 뛰어나다. 이에 반해 문학은 첫 번째 책으로 커다란 성공을 한 작가에 집착하는 것 같다. 그러나 다른 분야와 마찬가지로 여러분이 연습하고 창작을 많이 할수록 발전할 것이다.

"여러분은 일을 하면서 일하는 방법을 배우며 중간에 만든 것들은 완성된 것만큼 눈에 띄지 않을 것이다. 여러분이 할 수 있는 최선은 여러분이 좋아하는 예술을 하는 것이다 — 그리고 아주 많이!"

–데이비드 베일즈와 테드 올란드, 『예술과 두려움』

장기적으로 효력을 갖는 지적 재산권의 마술

피카소는 예술가이자 사업가였고 부유한 삶을 좋아했다. 그는 초기 작품의 일부를 자신의 다락방을 난방하기 위해 불태웠다고 하지만, 죽을 때 미화 5억불 이상의 가치를 갖는 재산이 있었고, 위대한 예술 작품을 세상에 남겼다. 사람들은 배고프고 광기 어린, 반 고흐(Van Gogh) 같은 예술가를 찬미하기 때문에, 피카소는 예술가라기보다는 야심 있고 부유하고 창조적인 사업가에 더 적합한 역할 모델일지도 모른다. 지적 재산권의 마술은 그 복리 효과가 생기기 위해서는 오랫동안 작품 활동을 해야 한다.

여기에 그것이 어떻게 작용하는지 설명하겠다.

- 여러분이 쓴 모든 책은 재산이며 오랫동안 여러분에게 소득을 벌어다 줄 수 있다.
- 이것은 규모 확장성이 있는데 그 뜻은 여러분이 책을 쓰는 데 한 번만 시간을 쓰고 나면 그 책은 수천 권 또는 수백만 권 팔릴 수 있다.
- 여러분은 매출을 늘리기 위해 하나의 원고를 여러 형태로, 예를 들면 전자책, 종이책, 오디오북으로 다양하게 바꿀 수 있다.
- 여러분은 이런 다양한 형태의 책을 190개 국가에 팔 수 있어 (나는 현재 독립 작가로서 영어로 된 내 책을 72개국에 팔았다.) 매출을 더 늘릴 수 있다.
- 여러분의 책에 대한 사용 권리를 다양하게, 예를 들면 판권, 번역권, 영화, TV, 게임과 다른 미디어에 부여해 줄 수 있다.
- 저작권법에 따를 때, 이런 재산들은 여러분이 살아 있는 기간에 70년을 더한 기간 동안 소득을 계속 올릴 수 있다.

슬픈 사실은 대부분의 작가들이 이런 장기적인 소득 창출 가능성을 모르기 때문에 자신의 원고를 가치 있는 것으로 생각하지 않는다는 사실이다. 그들은 시간이 지남에 따라 복리 효과가 더 날 수 있는 지적 재산권 기반을 늘리는 대신에 당장 손에 잡히는 현금을 선택한다.

내가 쓰는 모든 새로운 책이 독자층을 늘리고 독자들에게 구입할 새로운 것을 제공한다. 세상에 내놓은 내가 쓴 모든 책이 다양한 방법으로 내 수입을 늘려준다. 이것이 전업 작가로서 내가 전 직장에서의 수입보다 더 많은 수입을 올릴 수 있을 것이라고 확신하는, 장기적으로 재산을 쌓아가는 내 사업 모델이다. 이것은 창조적으로 만족스러운 삶이며, 또한 매우 수지맞는 인생이기도 하다!

내가 쓴 책 『작가를 위한 사업(Business for Authors: How to be an Author Entrepreneur)』에서 이것에 대해 더 자세히 살펴보았다.

"여러분은 현재에 모든 것을 가질 수 없다. 앞으로 그 결과물을 수확할 5년에서 10년, 미래에 여러분의 관심을 기울여야 한다."

－로버트 그린(Robert Greene), 『통달(Mastery)』

여러분의 유산이 무엇이 되길 바라는가?

내가 직장을 그만둔 지 몇 주 지난 2011년 10월 22일에 쓴 일기 내용이다.

> "나는 사람들에게 영향을 주고 싶다. 나는 쓸 만한 가치 있는 것을 쓰고 싶다. 나는 오래 작가 생활을 하고 싶다. 맞다. 나는 사람들을 즐겁게 하고 싶고 그 이상으로 사람들이 나를 기억해

주기를 원한다. 나는 기억될 만한 내 흔적을 남기고 싶다. 지금 나는 잠에서 깨어나고 있는 것 같다. 지난 13년간 나는 잠들어 있었기 때문이다. 지금까지 내가 해 온 모든 것이 사라졌다. 이런 상황을 바꿀 때가 되었다. 나는 내가 창조한 것으로 내 삶을 평가하겠다."

전문 작가는 글을 쓰고 계속 글을 쓴다. 성공한 전문 작가는 이전 책이 기대만큼 반응이 없었을 때라도 계속해서 글을 쓰기 때문에 여러 권의 출판된 책들을 갖고 있다. 전문가들은 단기적인 실망 때문에 흥미를 잃지 않는다. 그들은 시간을 들여 작품집을 만든다. 그들은 하나의 책만이 특별하다고, 그리고 그 책이 크게 히트하지 않으면 포기해야 한다고 생각하지 않는다. 그들은 한 페이지, 한 페이지가 작가의 길에서 이루어지는 발전인 것을 안다. 그들의 습관은 매일 창조하는 것이다.

여러분의 작품집이 될 무언가를 오늘 창조하고 있는가?

"살면서 여러분이 매우 소중하게 여기는 작품집에
일관성 있게 더한 노력이 유산이다."

－파멜라 슬림(Pamela Slim), 『작품집(Body of Work)』

인생은 짧다. 인생을 잘 활용하라

내가 이 책을 쓰고 있는 지난 6개월 동안 유명한 배우, 음악가, 저자들이 죽었는데, 그 중에는 데이비드 보위(David Bowie), 알란 릭맨(Alan Rickman), 프린스(Prince)가 있다. 특히 프린스의 죽음이 내게는 충격적이었는데, 아마도 그가 내가 10대, 20대일 때 활동했고 그때 나는 세상의 종말이 온 것처럼 놀랐기 때문일 수 있다. 그러나 그는 훌륭한 음악가, 작사가이며, 자신의 작품을 위해 다양하게 창조하며 살았던 사람이다. 알츠하이머 병으로 죽은 판타지 작가 테리 프래케트(Terry Pratchette)의 소식도 나로 하여금 더 많이 창작해야겠다고 결심하게 만들었다. 사람이 죽는 것은 확실한 사실이기 때문이다. 죽음은 언제 올지 모르지만 오는 것만은 확실하기 때문이다.

그러니 이 삶에서 주목할 만하고 특별한 존재가 되기 위해, 우리의 시간으로 무엇을 할 수 있을까?

창조하라.

이것이 우리가 할 수 있는 모든 것이다. 우리 몸은 무너지고 죽을 것이지만, 우리는 그것에 속박되지 않는다.

여러분이 창조한 것으로 여러분의 삶을 평가하라.

이제 글을 쓰자.

결론

작가의 사고방식을 살피며 여기까지 나와 같이 온 것에 감사하며, 이 책을 읽은 후 여러분이 안도의 숨을 내쉴 수 있기를 희망한다.

여러분은 작가의 여정에서 혼자가 아니기 때문이다.

모든 사람이 창조의 과정 중 서로 다른 지점에서 오르락내리락 하는 생각과 감정을 경험한다. 나는 커튼을 걷어 올리고 책의 단어 뒤에 있는 저자의 복잡한 생각들을 이 책에서 보여주었는데, 이를 통해 여러분들이 위안 받았기를 희망한다.

자, 다음은 무엇인가?

하루를 마무리할 때(그리고 이 책을 마치며), 다시 글쓰기로 돌아간다. 그러니 오늘 창조하라. 그리고 여러분이 누군가가 카페에 앉아 일기를 적고 있거나 랩탑 컴퓨터를 치고 있는 것을 보거든 그에게 작은 미소를 보내라.

왜냐하면 여러분은 그들이 어떤 경험을 하게 될지 알기 때문이다.

후기

내가 이 책을 끝내면서 이 책이 초판이어야 함을 깨달았다. 왜냐하면 내가 놓친 공통의 경험이나 작가의 길을 가는 데 도움이 될 인용문이나 경구가 더 있을 것이기 때문이다. 나는 언젠가 둘째 판을 만들려고 하는데, 그것이 더 유용할 수 있도록 여러분의 생각을 듣고 싶다. 어떤 의견이든지 이곳으로 보낼 수 있다.

www.TheCreativePenn.com/mindsetfeedback

감사합니다

작가의 사고방식을 통해 이 길을 같이 걸어온 여러분에게 감사하다. 이 책이 유용했다면 소셜 미디어에 후기나 이야기를 나누어주면 정말 감사하겠다. 그것이 실제로 사람들이 이 책을 찾아보도록 도와줄 것이다!

글 쓰는 방법, 출판, 책 마케팅에 대해 알고 싶은가?

www.TheCreativePenn.com/blueprint에서 무료로 Author 2.0 Blueprint나 비디오 시리즈를 보라.

듣는 것을 좋아하면?

아이튠즈나 스티처에서 The Creative Penn podcast을 찾아보라.

www.TheCreativePenn.com/podcasts

글쓰기, 출판, 책 마케팅과 창조적인 사업에 대한 대담 자료가 있다.

여러분은 또 내 트위터 계정 @thecreativepenn이나 페이스북 http://www.facebook.com/TheCreativePenn에 접속할 수 있다.

참고문헌

이 목록은 내가 이 책에서 사용하거나, 해당 주제에 도움이 된다고 생각한 책과 팟캐스트를 담고 있다.

책

『글쓰기에 대해서(On Writing)』, 스티븐 킹(Stephen King)

『새와 새: 글쓰기와 인생에 대한 몇 가지 교훈(Bird by Bird: Some Instructions on Writing and Life)』, 앤 라모드(Anne lamott)

『진지하게 글쓰기(Writing Down the Bones)』, 나탈리 골드버그(Natalie Goldberg)

『거친 마음(Wild Mind)』, 나탈리 골드버그(Natalie Goldberg)

『거대한 마술: 두려움을 넘어 창조적으로 살기(Big Magic: Creative Living Beyond Fear)』, 엘리자베스 길버트(Elizabeth Gilbert)

『예술 전쟁: 장애물을 돌파하고 창조 전쟁을 이기자(The War of Art: Break Through your Blocks and Win your Creative Battles)』, 스티븐 프레스필드(Steven Pressfield)

『프로 되기: 내적 힘을 일으켜 인생 작품을 만들자(Turning to Pro: Tap your Inner Power and Create your Life's Work)』, 스티븐 프레스필드(Steven Pressfield)

『당신이 원하는 무엇이든지(Anything you Want)』, 데렉 시버스

(Derek Sivers)

『성공 원칙: 현재 있는 곳에서 원하는 곳으로 가는 방법(The Success Principles: How to get from Where you are to Where you Want to be)』, 잭 캔필드(Jack Canfield)

『완벽 추구가 어떻게 작가에게 해를 끼치나(The Pursuit of Perfection and How it Harms Writers)』, 크리스틴 캐스린 러쉬(Kristine Kathryn Rusch)

『사람들을 무시하고 창조하기 위한 39개의 열쇠(Ignore Everybody and 39 Other Keys to Creativity)』, 휴 맥레오드(Hugh Macleod)

『여러분 자신이 되어라(Choose Yourself)』, 제임스 올투셔(James Althscher)

『복리 효과(The Compound Effect)』, 다렌 하디(Darren Hardy)

『성공한 소설가(The Successful Novelist)』, 데이비드 모렐(David Morrell)

『더 써라(Write it forward)』, 밥 메이어(Bob Mayer)

『예술과 두려움: 예술 활동의 위험(그리고 보상)에 대한 관찰(Art and Fear: Observations on the Peril(and Rewards) of Artmaking』, 데이비드 베일즈와 테드 올란드(David Bayles & Ted Orland)

『불완전의 선물: 당신이 되어야 한다고 생각하는 것들을 버리고 그대로의 당신을 받아들여라(The Gifts of Imperfection: Let go of who you Think you're Supposed to be and Embrace who you are)』, 브렌 브라운(Brene Brown)

『예술가처럼 훔쳐라(Steal like an Artist) - 오스틴 클레온(Austin Kleon)

『한 가지 일(The One Thing)』, 게리 켈러(Gary Keller) *원씽, 비즈니스북스, 2013.8.

『요청의 기술 또는 어떻게 나는 걱정하기를 그만두는 것을 배웠나 그리고 사람들이 돕게 하라(The Art of Asking, or How I learned to Stop Worrying and Let People Help)』, 아만다 팔머(Amanda

Palmer)
『작품을 만들고 돈을 벌어라: 여러분의 창작 경력에 힘을 보태는 것에 대해 짐 헨슨으로부터 배우는 교훈들(Make Art, Make Money: Lessons from Jim Henson on Fueling your Creative Career)』, 엘리자베스 하이드 스티븐스(Elizabeth Hyde Stevens)
『이카루스 속임(The Icarus Deception)』, 세스 고딘(Seth Godin)
『여러분의 하루 하루를 관리하라: 일과를 정하고 집중할 일을 찾으며 창조력을 다듬어라(Manage your Day to Day: Build your Routine, Find your Focus and Sharpen your Creative Mind)』, 99U, 조셀린 글레이(Jocelyn Glei) 편
『작지만 아름다운 것들(Tiny Beautiful Things)』, 셰릴 스트레이드(Cheryl Strayed)
『글쓰기에서 선(Zen in the Art of writing)』, 레이 브래드버리(Ray Bradbury)
『예술가의 길(The Artist's Way)』, 줄리아 카메론(Julia Cameron)
『값싼 자리에서 바라본 풍경: 논픽션 선집(The View from the Cheap Seats: Selected Non-Fiction)』, 닐 게이만(Neil Gaiman)
『복원력: 성공으로 가는 길에서 비판과 거절을 이겨내기(Resilience: Facing Down Criticism and Rejection on the Road to Success)』, 마크 맥기니스(Mark McGuinness)
『자유로운 글쓰기: 삶의 흐름을 뚫기(F-R-E-E Writing: Unblocking Life's Flow)』, 오나 로스(Orna Ross)
『심층 작업(Deep Work)』, 칼 뉴포트(Cal Newport) *딥워크, 민음사, 2017.4.
『하인라인의 규칙(Heinlein's Rules)』, 딘 웨슬리 스미스(Dean Wesley Smith)
『프리 랜서의 생존 안내서(The Freelancer's survival Guide)』, 크리스틴 캐스린 러쉬(Kristine Kathryn Rusch)

『여러분이 글을 쓰고자 한다면: 예술, 독립, 영혼에 대한 책(If You Want to Write: A Book about Art, Independence and Spirit)』, 브렌다 우랜드(Brenda Ueland)

『글을 잘 쓰기에 대해서(On Writing Well)』, 윌리암 진저(William Zinsser)

『마지막 수업(The Last Lecture)』, 랜디 포시(Randy Pausch)

『고요함: 말을 멈추지 않는 세상에서 내성적인 사람의 힘(Quiet: The Power of Introverts in a World that Can't Stop Talking)』, 수잔 케인(Susan Cain) *콰이어트, 알에이치코리아, 2012.6.

『습관의 힘: 우리가 하는 일을 하는 이유와 변화시키는 방법(The Power of Habit: Why we do What we do, and How to Change)』, 찰스 두히그(Charles Duhigg) *습관의 힘, 갤리온, 2012.10.

『우리의 생각보다 더 똑똑한: 기술이 우리의 정신을 어떻게 더 좋게 바꾸고 있는가(Smarter than you Think: How Technology is Changing our Minds for the Better)』, 클라이브 톰슨(Clive Thompson)

『독립 작가의 생존 안내서(Indie Author Survival Guide)』, 수잔 케인 퀸(Susan Kaye Quinn)

『영향력: 설득의 심리학(Influence: The Psychology of Persuasion)』, 로버트 시알디니(Robert Cialdini) *설득의 심리학, 21세기 북스, 2002.9.

『자가 출판 서비스 선택하기(Choosing a Self-Publishing Service)』, 오나 로스(Orna Ross) 편, 독립작가연합(the Alliance of Independent Authors) 출판

- *는 한국에서 번역된 책이다.

팟캐스트

자격미달(Unemployable)

팀 페리스 쇼(The Tim Ferriss Show)

크리스타 티펫과 같이 있는 것에 대해서(On Being with Christa Tippett)

나는 머르 래퍼티와 같이 글을 써야 한다(I Should be Writing with Mur Lafferty)

조안나 펜의 다른 책들

논픽션

『책을 마케팅하는 방법(How to Market a Book)』

『작가, 창작인과 다른 내성적인 사람들을 위한 대중 연설(Public Speaking for Authors, Creatives and Other Introverts)』

『경력 변경: 여러분의 일을 싫어하기를 그만두고 정말로 원하는 일을 찾아 시작하라!(Career Change: Stop hating your job, discover what you really want to do and start doing it)』

『작가를 위한 사업: 작가 기업가가 되는 법(Business for Authors)』

『글쓰기로 생활하는 방법(How to Make a Living with your Writing)』

『책 같이 쓰기(Co-Writing a Book)』

『성공하는 자가 출판(Successful Self-Publishing)』

『성공하는 작가의 사고방식(The Successful Author Mindset)』

제이 에프 펜(J.F.Penn) 필명으로 쓴 아케인(ARKANE) 스릴러 시리즈

독자들이 '댄 브라운(Dan Brown)이 라라 크로프트(Lara Croft)를 만났다'고 표현했다.

모든 온라인 가게에서 서적, 전자책, 오디오 형식으로 살 수 있다.

『불의 돌 #1(Stone of Fire)』
『뼈의 지하실 #2(Crypt of Bone)』
『피의 상자 #3(Ark of Blood)』
『부다페스트에서의 하루 #4(One Day in Budapest)』
『바이킹의 날 #5(Day of the Vikings)』
『지옥문 #6(Gate of Hell)』
『뉴욕에서의 하루 #7(One Day in New York)』
『세상의 파괴자 #8(Destroyer of Worlds)』
『인생의 끝 #9(End of Days)』

런던 심령물 시리즈. 독자들이 '스티븐 킹과 피디 제임스(P.D.James)의 사생아' 같다고 표현했다.

전자책, 서적, 오디오 형식으로 구입 가능하다.

『신성모독(Desecration)』
『섬망(Delirium)』
『일탈(Deviance)』

천 명의 악마같은 천사들: 단테의 인페르노(Inferno)에 근거한 단편소설들로 스릴러와 초자연적인 요소를 갖고 있다.

『깨어난 신들(Risen Gods)』

아래 사이트의 독자 그룹에 가입하면 아케인 스릴러, 바이킹의 날(Day

of Vikings) 책을 무료로 받을 수 있다.

www.JFPenn.com/freebook

감사의 글

내 이메일 주소록과 소셜 미디어뿐만 아니라 내 블로그와 팟캐스트에서 교류하는 사람들에게 감사를 표한다. 여러 해 동안 나에게 준 격려와 열정이 이제까지 작가의 길을 갈 수 있도록 힘을 주었으며, 이 책을 기다렸던 사람들의 숫자는 믿기 어려울 정도였다. 나는 앞으로도 이 사람들에게 도움을 주기 위해 계속 노력할 것이다.

내 출판팀에게도 감사하다. 리브로에디팅(LibroEditing)의 리즈 덱스터(Liz Dexter), 제이 디 스미스 디자인(JD Smith Design)의 제인 딕슨(Jane Dixon), 출판 전 읽기를 해준 알렉산드라 아모르(Alexandra Amor)와 엘렌 바드(Ellen Bard)에게도 감사하다. 1장 13절에 인용된 에마 포스터(Emma Foster) 작가에게도 감사를 표한다.

성공하는 작가의 사고방식

작가의 길에서 살아남기 위한 핸드북

초판 1쇄 인쇄 2019년 2월 1일
초판 1쇄 발행 2019년 2월 8일

지은이 조안나 펜
옮긴이 김윤정
펴낸이 박성복
펴낸곳 도서출판 월인
주소 01047 서울특별시 강북구 노해로25길 61
등록 1998년 5월 4일 제6-0364호
전화 (02) 912-5000
팩스 (02) 900-5036
홈페이지 www.worin.net
전자우편 worinnet@hanmail.net

ISBN 978-89-8477-662-3 03800

값은 뒤표지에 있습니다.